Naturphänomen, Ressourcenzerstörung oder Argumentationsmittel?

Berner Forschungen zur Regionalgeschichte

Herausgegeben von
André Holenstein, Christian Rohr und Heinrich Richard Schmidt

Band 20

Masterarbeit in Wirtschafts-, Sozial-, und Umweltgeschichte
bei Prof. Dr. Christian Rohr
Bern, im September 2014

Simon Liechti

Naturphänomen, Ressourcenzerstörung oder Argumentationsmittel?

Diskurse im Umgang mit Waldbränden vom 18. bis zum frühen 20. Jahrhundert

Verlag Traugott Bautz

Bibliografische Information der Deutschen Bibliothek

Die Deutsche Bibliothek verzeichnet diese Publikation in der Deutschen Nationalbibliografie; detaillierte bibliografische Daten sind im Internet über http://dnb.ddb.de abrufbar.

Verlag Traugott Bautz GmbH 99734 Nordhausen 2017

ISBN 978-3-95948-314-8

Vielen Dank an alle Angehörigen, Sachverständigen und Helfer, die zur Entstehung dieses Buches beigetragen haben.

Inhaltsverzeichnis

1 Einleitung

1.1 Einführung

> „Ich habe in meinem Leben noch nie etwas so furchtbar Erhabenes gesehen: Diese riesenhafte Wolkensäule, welche über dem Feuerheerd wie unbeweglich stand und auch die höchsten Gebirge überragte; der starke Feuergeruch und das Dunkelwerden durch Rauchdünste verursacht; die aus dem tiefen Thaleskessel in schrecklichen Feuergarben emporzüngelnden Flammen mahnten mich an das Schauspiel eines donnernden und flammenden Heklas.“[1]

Eindrücklich erscheint beim Lesen des aufgeführten Zitats das Bild des gewaltigen Feuers vor dem inneren Auge. Wie dem Wortlaut entnommen werden kann, war auch der Verfasser von der Erscheinung des geschilderten Waldbrandes[2] fasziniert und erschrocken zugleich. Die Entwicklung eines Feuers im Wald war zum Zeitpunkt des Übergriffs auf die Gipfel meist nicht mehr kontrollierbar. Zugleich stellten Waldbrände vielfach auch eine ökonomische Katastrophe für die Betroffenen dar, denn vor der Erschliessung fossiler Brennstoffe nahm das Holz die Rolle eines multifunktionalen Rohstoffs und Energieträgers ein. Zugleich bildete der Wald in der Frühen Neuzeit ein von unterschiedlichen Nutzungen bestimmtes Interessensfeld, an dem zahlreiche Akteure partizipierten. Waldbrände waren daher mehr als nur reine Naturspektakel.

Dabei ist die Waldbrandthematik trotz Technisierung und Professionalisierung der Feuerbekämpfung im Laufe des 20. Jahrhunderts auch in heutiger Zeit noch höchst präsent. Die klimatischen Entwicklungen in jüngerer Zeit begünstigen durch veränderte Niederschlagsverhältnisse, durch erhöhte Durchschnittstemperaturen und längere Trockenzeiten weltweit das vermehrte Auftreten von Bränden im Wald. Wie Hans Gebhardt, Rüdiger Glaser und Sebastian Lentz betonen, spielen

[1] Tscheinen 1860: 91-92.

[2] Im Folgenden wird in dieser Arbeit der Begriff ‚Waldbrand‘ für nicht von Menschen kontrolliertes Feuer im Wald verwendet, während in der naturwissenschaftlichen Literatur vielfach vom Terminus ‚Vegetationsbrand‘ (*vegetation fire*) Gebrauch gemacht wird. Vgl. Scott et al. 2014: 4-5.

bei dieser Entwicklung jedoch auch wirtschaftliche und gesellschaftliche Faktoren eine entscheidende Rolle. So führt beispielsweise die zunehmende Landflucht und Urbanisierung zur Aufgabe von Landnutzungssystemen und damit zusammenhängend zu grundlegenden Landschaftsveränderungen. Dies kann auf das ökologische Gleichgewicht einer Region entscheidende Auswirkungen haben. Laut GEBHARDT, GLASER und LENTZ sind deshalb im Umgang mit der Waldbrandthematik vermehrt innovative Lösungsstrategien und eine grundlegende Neuausrichtung im Umgang mit dem Feuer gefragt.[3]

1.2 Einordnung

Die vorliegende Arbeit entstand unter der Leitung und Anregung von Christian ROHR in der Abteilung für Wirtschafts-, Sozial- und Umweltgeschichte an der Universität Bern und setzt sich mit wirtschafts-, sozial-, und umwelthistorischen Aspekten des Phänomens Waldbrand vom 18. bis zum frühen 20. Jahrhundert auseinander. Die Untersuchung reiht sich in das Feld der umweltgeschichtlichen Forschung[4] ein, welche sich, grob zusammengefasst, den Wechselbeziehungen zwischen Mensch und Natur in der Vergangenheit verschrieben hat. Des Weiteren werden Bezüge zur allgemeinen Wirtschafts-[5], Wald- und Forst-[6] sowie zur Sozialgeschichte[7] vorgenommen. Eine exakte Einordnung ist aufgrund dieses heterogenen Zugangs schwierig, die Arbeit versteht sich aber als Grundlage der umwelthistorischen Ausei-

---

[3] Vgl. Gebhardt, Glaser, Lentz 2013: 96-99.

[4] Vgl. Winiwarter, Knoll 2007: 13-146 für eine grundlegende und umfangreiche Einführung in das umwelthistorische Forschungsfeld; weiter Uekötter 2007 für den umwelthistorischen Fokus auf das 19. und 20. Jahrhundert, Reith 2011 für einen eher allgemein gehaltenen Überblick der frühneuzeitlich ausgerichteten umwelthistorischen Forschung und Jakubowski-Tiessen 2014 für einen kurzen Abriss der Disziplingeschichte der umwelthistorischen Forschung in Deutschland.

[5] Vgl. Walter ^{5}2011: 17-31 für eine kurze Übersicht über das wirtschaftshistorische Forschungsfeld.

[6] Siehe unten Kapitel 1.3.1 für eine ausführliche Erläuterung des wald- und forstgeschichtlichen Forschungsfeldes.

[7] Vgl. Walter ^{2}2008: 156-165 für eine kurze Übersicht über das sozialhistorische Forschungsfeld.

nandersetzung mit dem Phänomen Waldbrand vom 18. bis zum frühen 20. Jahrhundert.

1.3 Forschungsstand und Literatur

1.3.1 Wald- und Forstgeschichte

Die vorliegende Arbeit bezieht sich auf einen Zeitraum vom 18. bis zum frühen 20. Jahrhundert, umfasst Quellenbestände aus einem umfangreichen Untersuchungsraum und widmet sich neben forstwissenschaftlichen auch ökonomischen und gesellschaftlichen Aspekten der Waldbrandthematik. Aufgrund dieser zeitlichen, räumlichen und thematischen Breite musste vielfach auf Überblickswerke, Gesamtdarstellungen und Lexika zurückgegriffen werden, um das der Arbeit zugrundeliegende Thema in den unterschiedlichen disziplinären Feldern der Geschichtswissenschaft zu situieren. Zahlreiche Werke aus der Wald- und Forstgeschichte[8] thematisieren die Waldbrandthematik am Rande oder wurden herangezogen, um Bezüge und Querverbindungen zwischen den verschiedenen Themenspektren der Untersuchung herzustellen. Deshalb soll an dieser Stelle kurz auf einige der verwendeten Werke der Wald- und Forstgeschichte eingegangen werden.

---

[8] Die Vertreter der klassischen Forstgeschichte, welche sich ab dem ausgehenden 19. Jahrhundert der Betrachtung der forstwirtschaftlichen Nutzung des Waldes verschrieben, grenzten ihre Disziplin anfänglich als Gegenstück zur Waldgeschichte ab, welche als vegetationsgeschichtliche Entwicklung des Waldes betrachtet wurde. Im Laufe des 20. Jahrhunderts erwuchsen aus der klassischen Waldgeschichte verschiedene naturwissenschaftliche Zweige wie die historische Ökologie oder die Dendrochronologie. Durch den Aufschwung der Umweltbewegung in den 1970er Jahren und die Waldsterbethematik begann sich ab den 1980er Jahren auch die allgemeine und umwelthistorische Forschung mit dem Thema Wald auseinanderzusetzen. Durch neue Forschungsansätze und eine kritische Betrachtung der forstlichen Quellenbestände sind die starren Prämissen der traditionellen Forstwissenschaftler und die strikte Trennung von Wald- und Forstgeschichte zunehmend in Frage gestellt worden. Für eine gesamtheitliche Betrachtung von Wald- und Forstgeschichte spricht zudem die erstarkende ökologische und gesellschaftliche Rolle des Waldes in unserer heutigen Gesellschaft. Vgl. Bürgi, Hürlimann, Schuler 2001: 476; Hürlimann 2003: 322-325; Rohr et al. 2012: 198-199; Schuler et al. 2000: 30-37.

Klassische Werke stellen die Publikationen von Kurt MANTEL[9] sowie Karl HASEL und Ekkehard SCHWARTZ[10] dar, welche umfangreiche und übersichtliche Darstellungen der traditionellen Forstgeschichte repräsentieren. Ungenaue oder veraltete Geschichtsbezüge und das weitgehende Fehlen eines kritischen Umgangs mit Quellen und Literatur bewirken allerdings einen eher einseitigen Blick auf die Wald- und Forstgeschichte, weshalb die beiden Werke trotz ihres Umfangs und ihrer Informationsdichte eine kritische Lesart bedingen.

Eine deutlich differenziertere Herangehensweise an die Forschungsfelder der Wald- und Forstgeschichte verfolgen einige Publikationen aus jüngerer Zeit. So löste der Umwelthistoriker Joachim RADKAU mit seiner revisionistischen Betrachtung des Paradigmas von der „Holznot" eine Forschungskontroverse aus,[11] welche teilweise bis heute anhält.[12] Wichtiger als seine frühen Publikationen war für diese Untersuchung jedoch vor allem sein Überblickswerk zur Stoffgeschichte des Holzes.[13] Gewissermassen als Gegendarstellung von RADKAUS Thesen zur Holznot-Problematik steht das Werk von Rolf-Peter SIEFERLE ET AL.[14], welches sich mit der energetischen Transformation von der Solar- zur Fossilenergie beschäftigt und dabei auch die Rolle des Waldes in diesem Prozess thematisiert. Eine weitere Längsschnittbetrachtung liegt von KÜSTER[15] vor, welcher das Thema Wald unter besonderer Berücksichtigung kultur- und mentalitätsgeschichtlicher Aspekte betrachtet. Anton SCHULER ET AL.[16] liefern einen Überblick zur Wald- und Forstgeschichte der Schweiz.

Neben den zentralen Überblickswerken zur Wald- und Forstgeschichte erwiesen sich auch Publikationen mit einem etwas eingeschränkteren regionalen oder thematischen Fokus als hilfreich. Hervorzuheben sind zunächst zwei Werke mit räumlichem Bezug auf den Kanton Bern.

---

[9] Vgl. Mantel 1990.
[10] Vgl. Hasel, Schwartz ^{3}2006.
[11] Vgl. Radkau 1986.
[12] Für detaillierte Ausführungen zu Kontext und Verlauf der „Holznot"-Debatte siehe unten Kapitel 3.2.1.
[13] Vgl. Radkau 2012.
[14] Vgl. Sieferle et al. 2006.
[15] Vgl. Küster ^{2}2008.
[16] Vgl. Schuler et al. 2000.

Christian PFISTERS[17] Werk zur Bevölkerungs-, Wirtschafts- und Umweltgeschichte des Kantons Bern von 1700 bis 1914 liefert im Kapitel zur Waldthematik über den regionalgeschichtlichen Fokus der Untersuchung hinaus wertvolle Schlussfolgerungen zu ökonomischen, ökologischen und gesellschaftlichen Aspekten der Forstgeschichte. Das gleiche gilt für die Publikationen von Matthias BÜRGI und Martin STUBER, von denen diejenige zu Nachhaltigkeitskonzeptionen im Kanton Bern zwischen 1750 und 1880 besonders zu erwähnen ist.[18] Von Peter STEIGER[19] liegt eine umfassende Dokumentation über unterschiedliche Waldgesellschaften der Schweiz vor, während Leo WEISZ ET AL.[20] und Margrit IRNIGER[21] sich der Wald- und Forstgeschichte des Kantons Zürich und insbesondere des Sihlwaldes annahmen.

1.3.2 Forschung zum Thema Waldbrand

1.3.2.1 Geschichtswissenschaft

Die geschichtswissenschaftliche Auseinandersetzung mit dem Phänomen Waldbrand ist im europäischen Raum und insbesondere in der Schweiz bisher weitgehend ausgeblieben. Dieses Forschungsdesiderat ist deshalb umso erstaunlicher, weil die Waldbrandthematik in historischer Perspektive an der Schnittstelle zwischen Wald-/Forstgeschichte und Katastrophengeschichte und damit zwischen zwei traditionellen und vielbeachteten Forschungsfeldern angesiedelt ist. Lediglich einige wenige Publikationen konnten ermittelt werden, die das Thema Waldbrand überhaupt unter geschichtswissenschaftlicher Perspektive betrachten.

Pierre GRESSER[22] geht in seinem Werk über Naturkatastrophen in der ostfranzösischen Region *Franche-Comté* verschiedenen Waldbrandereignissen in der Zeitperiode des 14. und 15. Jahrhunderts nach und

---

[17] Vgl. Pfister 1995.
[18] Vgl. Stuber 2008; weiter Bürgi 1998; Stuber, Bürgi 2011.
[19] Vgl. Steiger ^{4}2010.
[20] Vgl. Weisz et al. 1983.
[21] Vgl. Irniger 1991.
[22] Vgl. Gresser 2008.

betont dabei den quantitativen Charakter der ermittelten Quellen. Neben der Einteilung der Ereignisse in *causes accidentelles* und *actes volontaires* hält der Autor sowohl Schuldige als auch die jeweiligen Tatbestände fest. Neben der Tatsache, dass eine tiefergreifende Diskussion der Waldbrandthematik ausbleibt, wurde vor allem wegen des deutlich früher angelegten Untersuchungszeitraums auf den Einbezug der Ausführungen GRESSERS in die vorliegende Arbeit verzichtet. Zeitlich etwas später setzt der Beitrag von Karl Heinz BURGMEISTER[23] an, welcher Quellen aus dem Dürresommer 1540 in der erweiterten Bodenseeregion aufgearbeitet hat und dabei auch auf die deutlich erhöhte Zahl der Waldbrände eingeht.

Besonders hilfreich stellten sich die Arbeiten von Walter GRABHERR[24] heraus, welcher sich in zwei Artikeln in der ‚Schweizerischen Zeitschrift für Forstwesen' mit Waldbränden im Unterengadin und im Oberinntal im 18. und 19. Jahrhundert befasst. Er bringt die Waldbrandthematik mit den wirtschaftlichen Interessen der nahe gelegenen Haller Saline in Verbindung und beleuchtet dabei die Konflikte, welche zwischen den verschiedenen am Wald partizipierenden Akteuren resultierten. Eine Besonderheit von GRABHERRS Ausführungen ist die Nähe zu den Quellen, wodurch die Zeitschriftenartikel den Charakter einer Quellensammlung annehmen. Dasselbe gilt für die Publikation von Erwin WULLSCHLEGER[25], welcher ein Rechtsfall aus dem Jahre 1834 betrachtet und dabei die Waldbrandthematik in Verbindung zu den im 19. Jahrhundert praktizierten Ausschliessungstendenzen von unter- und ausserständischen Sozialgruppierungen bringt.

1.3.2.2 Naturwissenschaft

Obwohl die vorliegende Untersuchung die Waldbrandthematik unter geschichtswissenschaftlicher Perspektive betrachtet, soll an dieser Stelle ein kurzer Überblick über die naturwissenschaftliche Forschung gegeben werden, da sich diese seit einigen Jahrzehnten intensiv mit dem Thema Waldbrand auseinandersetzt.

---

[23] Vgl. Burgmeister 2008.
[24] Vgl. Grabherr 1947, 1949.
[25] Vgl. Wullschleger 1978.

Ausgehend von der nordamerikanischen Forschung befasst sich die Disziplin der Feuerökologie seit den 70er Jahren des 20. Jahrhunderts mit der Rolle von Waldbränden in Ökosystemen. Dabei geht die feuerökologische Forschung primär der Frage nach, welche Auswirkungen das Feuer und insbesondere der Feuerausschluss auf Waldökosysteme haben. Auch dem Menschen, der bereits in prähistorischer Zeit die Kontrolle über das Feuer erlangte und seither gezielt zu seinen Zwecken einsetzt, wird in der feuerökologischen Forschung eine zentrale Rolle zugesprochen.[26] Die Ergebnisse aus der Forschung sollen Rückschlüsse über Dynamik und Auswirkungen von Waldbränden erlauben und nicht zuletzt der Entwicklung einer angepassten Waldbrandbekämpfung dienen.[27] Die Paläoökologie, welche sich mit Ökosystemen der erdgeschichtlichen Vergangenheit beschäftigt, kann als eine Subdisziplin der Feuerökologie angesehen werden. Anhand der Analyse von Kohlenstoffpartikeln aus Seesedimenten, Jahresringen von Bäumen und anderen Klimaarchiven sollen Aufschlüsse über prähistorische Brandereignisse und der generellen Rolle von Waldbränden in vorgeschichtlicher Zeit gewonnen werden.[28]

Die Pionierrolle der nordamerikanischen Forschung auf dem Gebiet der Feuerökologie wird anhand verschiedener Publikationen ersichtlich, welche die hier aufgeführten Forschungszweige teilweise übergreifend und sehr ausführlich behandeln. Andrew SCOTT ET AL.[29] wählen dabei einen sehr breiten Zugang und betrachten das Phänomen Feuer sowohl aus rein naturwissenschaftlicher Perspektive wie auch im Zusammenhang mit anthropogenen Prozessen. So wird einerseits auf chemisch-physikalische und erdgeschichtliche Aspekte von Feuer und dessen natürliche Rolle in Ökosystemen eingegangen, andererseits aber auch die Inanspruchnahme des Feuers durch den Menschen und die damit zusammenhängenden Entwicklungen thematisiert. Besonders anregend für die vorliegende Untersuchung waren die Betrachtungen von SCOTT ET AL. über die sich im Laufe der Frühen Neuzeit allmählich verändernde Wahrnehmung und Bewertung des Feuers im Allgemeinen sowie im Zusammenhang mit traditionellen Feuerprakti-

---

[26] Vgl. Goldhammer 2007: 119-120.
[27] Vgl. Arbeitsgruppe Feuerökologie der Universität Freiburg 2014.
[28] Vgl. etwa die Publikation von Bendel, Tinner, Ammann 2006.
[29] Vgl. Scott et al. 2014.

ken, auch wenn Fritz SCHNEITER[30] in seinen zeitlich früher erschienenen Werken dieselben Erkenntnisse formuliert. Peter THOMAS und Rob MCALPINE[31] untersuchen in ihrem Werk das Phänomen Waldbrand thematisch breit, übersichtlich und anschaulich, räumen der Wechselwirkung von Mensch und Feuer in historischer Perspektive allerdings deutlich weniger Platz ein.

1.3.2.3 Technische Handbücher und Leitfäden, Datenbanken

Handbücher und Leitfäden aus der zweiten Hälfte des 20. Jahrhunderts, welche sich in erster Linie an Einsatztruppen und Feuerbekämpfungsexperten richten und oftmals einen hohen Praxisbezug auf Techniken der modernen Waldbrandbekämpfung aufweisen, stellen eine weitere Kategorie der verwendeten Literatur dar. Für die vorliegende Arbeit waren diverse Nachschlagewerke aus dieser Sparte, etwa dasjenige von Peter LEX[32] oder Otto WINKLER[33], von zentraler Bedeutung, um die verschiedenen Facetten der in den historischen Quellen geschilderten Feuerbekämpfung im Wald verstehen und einordnen zu können. Einen Sonderstatus nehmen auch Datenbanken und Datensammlungen, etwa das Werk Niklaus BÜTIKOFERS[34] zu historischen Waldschäden in der Schweiz im 19. und 20. Jahrhundert ein, welche eine unverzichtbare Hilfe bei der Quellenrecherche waren.

1.4 Fragestellung

Für die Erschliessung der Waldbrandthematik auf umwelthistorischer Ebene wird ein breiter Fokus bei der Betrachtung des Themas gewählt. Die Untersuchung soll sich einerseits mit verschiedenen Stufen naturwissenschaftlichen und technischen Wissens auseinandersetzen, andererseits das Quellenmaterial aber auch in Bezug auf Entwicklungen, Merkmale und Kontinuitäten in ökonomischer und gesellschaftlicher

---

[30] Vgl. etwa Schneiter 1970.
[31] Vgl. Thomas, McAlpine 2010.
[32] Vgl. etwa Lex ^{4}1996.
[33] Vgl. Winkler 1950.
[34] Vgl. Bütikofer 1987, 1988.

Hinsicht untersuchen. Die Fragestellungen aus den verschiedenen Themenfeldern stellen sich daher wie folgt:

Wissenschaftliche Aspekte im Zusammenhang mit Waldbränden:

Welche Kontinuitäten und welcher Erkenntnis- und Entwicklungswandel sind in Bezug auf Abläufe, Bekämpfung und Verhütung von Waldbränden in den zumeist forstspezifischen Quellen vom 18. bis zum frühen 20. Jahrhundert zu beobachten?

Wirtschaftliche Aspekte:

Wie wurde dem Phänomen Waldbrand in ökonomischen Brennpunkten der Frühen Neuzeit begegnet und welche Unterschiede bestanden im Umgang mit der Waldbrandthematik zwischen den verschiedenen Wirtschaftszentren?

Welche Rolle spielte die Waldbrandthematik innerhalb des Nutzungskonfliktes zwischen Herrschaft, Bauerntum und Gewerbetreibenden im Wald?

Welche Einflüsse brachten die Neuerungen der Industrialisierung im 19. Jahrhundert bezüglich der Waldbrandthematik?

Gesellschaftliche Aspekte:

Welche sozioökonomischen und gesellschaftlichen Faktoren begründeten die Motivation der ländlich-peripheren Bevölkerung zur Waldbrandbekämpfung?

Welche Rolle kam der Waldbrandthematik in Bezug auf gesellschaftliche Ausschliessungstendenzen im 19. Jahrhundert zu?

1.5 Quellen

Das weitgehende Fehlen einer geschichtswissenschaftlichen Auseinandersetzung mit dem Phänomen Waldbrand bedeutet für die umwelthistorische Aufarbeitung der Waldbrandthematik im 18. und 19. Jahrhundert in vielen der behandelten Themenfeldern den ausschliesslichen Rückgriff auf historische Quellenbestände. Gleichzeitig wird der eigenständigen Bedeutung des Quellenmaterials durch die Anwendung der diskursanalytischen Methode, die weiter unten genauer erläutert wird,[35] ein hohes Gewicht beigemessen. Die wiederholte Aufführung längerer Quellenausschnitte in den Hauptkapiteln begründet sich aus diesen Erklärungsansätzen.

Das dieser Arbeit zugrundeliegende Quellenkorpus kann dabei in drei thematische Kategorien eingeteilt werden, wobei die Grenzen zwischen einzelnen Zuordnungen teilweise fliessend sind. Im Folgenden sollen kurz die unterschiedlichen Kategorien erläutert und Begründungen über die Auswahl der jeweiligen Quellen dargelegt werden.

1.5.1 Theoretische Abhandlungen und Beiträge zum Thema Waldbrand

Die Grundlage des Quellenkorpus bilden die theoretischen Abhandlungen und Beiträge von Forstexperten zum Thema Waldbrand vom 18. bis zum frühen 20. Jahrhundert. Die zumeist in abgedruckter Form vorliegenden Abhandlungen umfassen im 18. Jahrhundert in der Regel Teile von Monografien[36] oder Lexikonartikeln[37], zu einem späteren Zeitpunkt treten explizit auf das Thema Waldbrände bezogene Artikel[38] aus Zeitschriften und Sammelbänden hinzu. Die theoretischen Abhandlungen und Beiträge stellten insbesondere vor der zweiten Hälfte des 19. Jahrhunderts auch die Verschriftlichung der gängigen Forstgesetzgebungen dar und waren zudem mit dem Erfahrungsschatz des betreffenden Autors angereichert.[39] Durch die spezifische Wortwahl, die Länge oder den Aufbau seiner Schrift wird vielfach der institutionelle Hintergrund, die Erfahrung oder die Absicht des jeweiligen Autors deutlich. Ab der Mitte des 19. Jahrhunderts wird der Fortschritt, der sich in der ersten Jahrhunderthälfte in Forstwirtschaft und Forstwissenschaft anbahnte, auch anhand der theoretischen Abhandlungen und Beiträge deutlich. Dies äussert sich sowohl in qualitativer als auch in quantitativer Hinsicht. Die Bildung von Forstadministrationen, von forstlichen Ausbildungsstätten und Verbänden erfolgte in

[35] Siehe unten Kapitel 1.6.
[36] Vgl. etwa Carlowitz 1713.
[37] Vgl. etwa Kruenitz 1856.
[38] Vgl. etwa Knipping 1860.
[39] Vgl. Weisz 1935: 155.

Zusammenhang mit der allmählichen Eigenständigkeit der Disziplin.[40] Infolgedessen gestaltet sich auch die Quellenlage für den untersuchten Zeitraum höchst unterschiedlich. Für die Zeit ab der zweiten Hälfte des 19. Jahrhunderts musste bereits eine Auswahl unter den verfügbaren Quellen getroffen werden, während bis 1800 vergleichsweise wenig Quellenmaterial zur Waldbrandthematik zur Verfügung steht. Dabei muss berücksichtigt werden, dass sich auch für die Forstexperten selber die Quellenlage entschieden änderte, was den Zeitraum vom 18. bis zum 19. Jahrhundert betrifft. Aufgrund der oftmals ähnlichen Wortlaute und Verweise in den Schriften des 18. Jahrhunderts muss davon ausgegangen werden, dass innerhalb des forstlichen und forstwissenschaftlichen Gelehrtenkreises bereits in einer frühen Phase die Bemühung um einen interdisziplinären Austausch bestand. Daraus leitet sich auch die Begründung für den grossen räumlichen Einzugsbereich des Quellenkorpus dieser Arbeit ab.

1.5.2 Normative Quellen aus den Bereichen Recht und Justiz

Obwohl der Fokus der vorliegenden Arbeit auf der Analyse der forstlichen Schriften und der Waldbrandberichte liegt, wurden gelegentlich auch normative Quellen aus den Bereichen Recht und Justiz mit einbezogen.

Hinsichtlich des Forstrechts sind insbesondere die im Laufe der Frühen Neuzeit erlassenen, teilweise umfangreichen Forstordnungen zu erwähnen, welche einem breiten forstspezifischen Wissen zugrunde lagen, wie WEISZ für das Beispiel der „Hochfürstlich-baslische[n] Wald- und Forst-Policey Ordnung“[41] ausführt: „Daneben hat die Ordnung auch fachliterarische Bedeutung. Wir haben es bei ihr nicht nur mit einem Gesetze, sondern zugleich mit einer Summa des ganzen forstlichen Wissens jener Zeit zu tun, mit einem Kompendium [...].“[42] Dies rührt daher, dass Autoren forstlicher Schriften oftmals in den

---

[40] Vgl. Hasel, Schwartz ^{3}2006: 375-376.

[41] Vgl. Hochfürstlich-baslische Wald- und Forst-Policey Ordnung. Worinnen die Vorschrift und Massgab enthalten ist, wie mit den Wäldern und Hölzern umgegangen werden soll, samt nothwendigem Unterricht, das Holz zu hegen und zu fällen 1756.

[42] Weisz 1935: 155.

staatlichen Verwaltungen beschäftigt waren und deshalb grossen Einfluss auf die forstbezogenen Erlasse der jeweiligen Herrschaftsträger hatten. Zudem wurden in dieser Arbeit historische Rechtsfälle aus unterschiedlichen Kantonen der heutigen Schweiz berücksichtigt, welche im Zusammenhang mit Waldbränden standen.

1.5.3 Waldbrand-Berichte

Eine dritte Kategorie stellen Berichte konkreter Waldbrandereignisse dar.[43] Innerhalb des Quellenkorpus bilden transkribierte Dokumente aus dem 19. Jahrhundert aus verschiedenen Archiven der Schweiz einen wesentlichen Teil dieser Berichte. Daneben konnten auch abgedruckte Quellensammlungen aus der verwendeten Literatur entnommen werden.[44] Neben den theoretischen und zumeist fachspezifischen Abhandlungen und Beiträgen der forstlichen Autoren werden bei Schilderungen von Waldbrandereignissen vielfach Handlungen und Intensionen fachfremder Gruppen vermittelt. So können anhand von Waldbrandberichten etwa Aussagen über das Verhalten der ansässigen Bevölkerung gemacht werden, die eine zentrale Rolle bei der Bekämpfung von Waldbränden spielte. Zudem lässt sich anhand von Berichten auch prüfen, inwiefern die in den theoretischen Schriften erläuterten Waldbrandbekämpfungsmassnahmen in der Praxis tatsächlich umgesetzt wurden. Zur Erläuterung der Quellenlage im Bereich der Waldbrandberichte für das 18. und 19. Jahrhundert kann mit dem Verweis auf GRABHERR festgehalten werden, dass zumeist nur die grössten und folgenschwersten Brände ihren Weg in das Schrifttum fanden.[45]

1.6 Methodik und Vorgehen

Gemäss dem in der Fragestellung aufgeführten Erkenntnisinteresse nach verschiedenen Wissensstufen, Merkmalen und Kontinuitäten in Bezug auf die Waldbrandthematik, soll das aus einer vergleichsweise langen Zeitperiode zusammengestellte Quellenkorpus längsschnittartig

---

[43] Vgl. etwa Ammon 1911.
[44] Vgl. etwa Wullschleger 1978.
[45] Vgl. Grabherr 1949: 369.

immer wieder aktuelle forschungsspezifische, wirtschaftliche und gesellschaftliche Momentaufnahmen erlauben. Aufgrund des langfristigen Zeitraums, der thematischen Breite und des aus der Fragestellung abgeleiteten, spezifischen Erkenntnisinteresses bietet sich für die vorliegende Untersuchung ein diskursanalytisches Vorgehen an, welches im Folgenden kurz umrissen wird.

In Anlehnung an Philipp SARASIN kann in Bezug auf die historische Diskursanalyse zunächst festgehalten werden, dass „jede Form von Wirklichkeit […] ohne die Repräsentationssysteme von Texten, Statistiken, visuellen Darstellungen etc. nicht fassbar [ist]“[46]. Mit der Betonung des Konstruktionscharakters des Begriffs ‚Wirklichkeit‘ spricht SARASIN eine zentrale Komponente des Diskurskonzeptes an. Denn die in den 1960er Jahren aufkommende geistig-kulturelle Strömung der Postmoderne stellte die Suche nach der letztgültigen Wahrheit und die in der Hermeneutik vorherrschende Überzeugung, das individuelle Subjekt sei Ursprung und Instanz jeglicher Sinnproduktion, grundsätzlich in Frage.[47] Die Vertreter der Diskursanalyse arbeiteten vielmehr darauf hin, die quantitative Mehrung von Aussagen und Handlungen genau zu analysieren, um danach Beobachtungen über das Auftreten von Aussagen festzustellen sowie deren äusserlichen Sinn festzuhalten. Um den Bedingungen nachzugehen, die dieses diskursive Verhältnis möglich gemacht haben wird untersucht, in welchen zeitlichen Perioden es auftritt und welche möglichen alternativen Aussagen dabei verdrängt wurden.[48] Dieses Vorgehen fokussiert sich nicht nur auf die Sprache an sich, sondern auf sämtliche textbezogenen und nicht-textuellen Handlungen, Praktiken und Gegenstände.[49] Zusammenfassend schreibt Achim LANDWEHR:

> „Die historische Diskursanalyse geht grundsätzlich vom Konstruktionscharakter soziokultureller Wirklichkeiten aus und fragt

---

[46] Sarasin 2003: 32.

[47] Unter den Kritikern an der Hermeneutik ist der französische Philosoph und Historiker Michel Foucault zu nennen, dessen Diskurskonzept „[…] zuallererst antihegelianisch und antihermeneutisch […]“ war. Sarasin ^{4}2010: 105.

[48] Vgl. ebd.: 108; Sarasin 2003: 33.

[49] Ebd.: 36: „Auch wenn Praktiken, Gesten und Gegenstände selbst nicht mehr sprachlich verfasst sind, sind sie nur relevant in der sozialen Welt, weil ihnen diskursiv eine Bedeutung zugeschrieben wurde/wird.“

> vor diesem Hintergrund nach den Arten und Weisen, mit denen im historischen Prozess Formen des Wissens, der Wahrheit und der Wirklichkeit hervorgebracht werden […].“[50]

Bezogen auf die vorliegende Untersuchung bedeutet dies zunächst, dass bei der systematischen Beobachtung und Auswertung des Quellenmaterials davon ausgegangen wird, dass Aussagen in Form von Sprachmustern und Handlungen nicht selten unhinterfragt, aus Gewohnheiten heraus oder aber mit klaren Absichten geschehen. Damit wird in der historischen Diskursanalyse der eigenständigen Bedeutung des Quellenmaterials bei der Konstruktion von Wissen und Wirklichkeiten ein hohes Gewicht beigemessen, obwohl die Kontextanalyse zur Identifikation möglicher Diskursformationen[51] weiterhin eine wichtige Rolle spielt.[52]

Es muss an dieser Stelle angefügt werden, dass die vorliegende, sich in verschiedenen historisch-disziplinären Feldern bewegende diskursanalytische Untersuchung nicht die ganzheitliche Berücksichtigung und Anwendung der in der Fachliteratur ständig weiterentwickelten Diskurstheorie anstrebt.[53] Dies kann einerseits mit dem fragmentarischen und teilweise unausgewogenen Quellenkorpus, andererseits mit der limitierten Tiefenschärfe der vorliegenden Arbeit begründet werden. Bedingt durch die thematische Erschliessung des Phänomens Waldbrand auf umweltgeschichtlicher Ebene handeln die einzelnen Kapitel den Themenbereich zwar breit, aber vergleichsweise kurz ab. Obwohl auf die konsequente Anwendung der methodischen Vorgehensweise verzichtet werden muss, spielt die Diskursanalyse als Hilfsbetrachtung trotzdem eine zentrale Rolle bei der Erarbeitung der in dieser Arbeit aufgeworfenen Fragestellung.

---

[50] Landwehr ^{2}2009: 98.

[51] Stegemann 2012: 607: „Eine Diskursformation [...] ist eine Regelung unserer Diskurse, die in Form der Selbstzensur funktioniert. Wir halten uns meistens an die Grenzen einer Diskursformation, weil wir selbst von ihnen überzeugt sind und sie gar nicht für Grenzen halten.“

[52] Das methodische Verfahren dieser Arbeit orientiert sich dabei an den Untersuchungsschritten von Landwehr und besteht aus: Korpusbildung, Kontextanalyse, Analyse der Aussagen und der Diskursanalyse. Vgl. ebd.: 100-131.

[53] Vgl. Eder 2006, wo sich ein umfangreicher Forschungsüberblick über diskursanalytische Methoden und Anwendungen in der Geschichtswissenschaft findet.

1.7 Aufbau und Eingrenzung

Durch die in dieser Arbeit berücksichtigte Themenvielfalt im Zusammenhang mit der Waldbrandthematik sind den drei Hauptkapiteln jeweils Einführungen vorgelagert, welche den inhaltlichen Aufbau des betreffenden Kapitels genauer erläutern. Aus diesem Grund erfolgt an dieser Stelle neben der zeitlichen, räumlichen und thematischen Eingrenzung nur ein kurzer konzeptueller Überblick zur Gliederung der Untersuchung. Während im zweiten Kapitel zunächst der fachspezifische Diskurs über die Waldbrandthematik beleuchtet wird, gehen das dritte und vierte Kapitel auf wirtschaftliche und gesellschaftliche Aspekte im Zusammenhang mit der Waldbrandthematik vom 18. bis zum frühen 20. Jahrhundert ein. Die drei Hauptkapitel erschliessen den Untersuchungsgegenstand dabei konzeptuell über einen thematischen Zugang. In den jeweiligen Themenbereichen der einzelnen Kapitel werden Entwicklungen, Merkmale und Kontinuitäten anschliessend über zumeist punktuelle zeitliche Momentaufnahmen lokalisiert. Das nachfolgende Fazit stellt die Ergebnisse aus den Hauptkapiteln vorab noch einmal zusammenfassend dar, während die durch die aufgeworfenen Leitfragen hervorstehenden, sich über verschiedene Themenfelder und Zeiträume erstreckenden Merkmale des Waldbranddiskurses in einer abschliessenden Synthese aufgegriffen, zueinander in Beziehung gesetzt und einer kritischen Beurteilung unterzogen werden sollen.

Der Fokus der vorliegenden, als Längsschnittanalyse angelegten Untersuchung über die Waldbrandthematik konzentriert sich auf den Zeitraum vom 18. bis zum frühen 20. Jahrhundert. Dieser Zeitrahmen wurde aufgrund von Begrenzungen und Kompromissen im Zusammenhang mit dem verwendeten Quellenkorpus gewählt. Denn erst im Verlaufe des 18. Jahrhunderts wurde der Waldbrandthematik von Seiten der Forstexperten und Herrschaftsträger im Zuge eines zunehmenden wirtschaftlichen Interessens am Wald stärkere Beachtung entgegengebracht. Insbesondere der Übergang vom 18. zum 19. Jahrhundert war durch fundamentale gesellschaftliche, wirtschaftliche und wissenschaftliche Transformationen geprägt, welche sich direkt oder indirekt auch auf den Umgang mit dem Phänomen Waldbrand auswirkten.

Auch bei der räumlichen Eingrenzung mussten teilweise Kompromisse in Bezug auf die Quellenverfügbarkeit getroffen werden. Da das Phänomen Waldbrand ausser der Erfüllung bestimmter Voraussetzungen wie der Verfügbarkeit brennbarer Biomasse aber kaum auf spezifische Räume beschränkt ist,[54] wurde die räumliche Eingrenzung vor allem hinsichtlich einer geschlossenen Vegetationszone[55] und Gemeinsamkeiten in Bezug auf Sprache, Gesellschaft, Kultur und Rechtsnormen vorgenommen. Daraus resultierte ein Untersuchungsgebiet, das sich vorwiegend auf den eidgenössischen, deutschen und österreichischen Raum erstreckt. Die Betrachtungsebene der Untersuchung ist dabei grundsätzlich auf die Makroebene ausgerichtet, wobei in vielen Fällen auf regionale Beispiele Bezug genommen wird.

Aufgrund der Themenvielfalt und des limitierten Umfangs der vorliegenden Arbeit musste bei der Erarbeitung vieler wirtschafts- und gesellschaftsbezogenen Aspekte auf eine tiefgreifende und ausgedehnte Analyse verzichtet werden. Manche Themenkreise wurden auch ganz weggelassen, da eine oberflächliche Behandlung ohne detaillierte Auseinandersetzung den jeweiligen Themen nicht gerecht geworden wäre. Bezogen auf wirtschaftliche Aspekte im Zusammenhang mit der Waldbrandthematik betrifft dies beispielsweise das Versicherungswesen, wo Ende des 19. Jahrhunderts erste zögerliche Versuche auf dem Gebiet der Waldbrandversicherungen unternommen wurden.[56] Ein gesellschaftlich hochbrisantes, bisher aber ebenfalls vernachlässigtes Thema stellt die Brandstiftung im Zusammenhang mit Waldbränden dar. Anknüpfungspunkte wären diesbezüglich die Ausführungen von Dirk BLASIUS, welcher die Ursache von Holzdiebstählen im 19. Jahrhundert keineswegs nur in der materiellen Not der Menschen verortet, sondern auch ein gewisses Mass an Sozialprotest gegenüber der Verdrängung der Waldnutzer durch Gutsherren und Forstbeamte geltend macht.[57]

---

[54] Vgl. Scott et al. 2014: 4.

[55] Es wird auf das Ökozonen-Modell von Schultz ^{4}2008: 175-201 Bezug genommen, welches den gewählten Untersuchungsraum in den ‚Feuchten Mittelbreiten' verortet. Gemässigte, saisonale Klimate und mässig artenreiche, sommergrüne Laub- und Mischwälder. Bedingt durch jahrhundertelange anthropogene Eingriffe in die natürlichen Waldbestände wird auch bei Schultz die relative Waldarmut und den auf Wirtschaftlichkeit ausgelegten Charakter der Wälder betont.

[56] Vgl. hierzu etwa Endres ^{2}1922: 556-574.

[57] Vgl. Blasius 1978: 55-58.

2 Die Erforschung, Bekämpfung und Verhütung von Waldbränden

Das zweite Kapitel nimmt sich dem fachspezifischen Diskurs über die Waldbrandthematik an. Dieser Diskurs umfasst zumeist Erklärungen über die Ursache, die Bekämpfung und die Verhütung von Waldbränden. Dabei besteht nicht das Ziel umfangreicher naturwissenschaftlicher oder fachspezifischer Erörterungen, sondern vielmehr die Erläuterung der Themen, die in naturwissenschaftlichen und forstlichen Kreisen bei der Erforschung der Waldbrandthematik zur Diskussion standen.

Die Untersuchung orientiert sich eng an Abhandlungen forstlicher Gelehrter vom 18. bis zum frühen 20. Jahrhundert. Für die Zeit des 18. Jahrhunderts besteht dabei eine weitgehende Quellenarmut, was theoretische Schriften in Bezug auf die Waldbrandthematik betrifft. Dies ändert sich im Verlauf des 19. Jahrhunderts. Mit der allmählichen Herausbildung eines eigenständigen Forstwesens wuchs auch die Zahl an forstspezifischen Publikationen. Für die Zeit des späten 19. und frühen 20. Jahrhunderts musste diesbezüglich bereits sorgfältig aus einer grösseren Zahl verfügbarer Quellen ausgewählt werden, welche sich dem Thema Waldbrand annahmen. Im Rahmen dieses Kapitels wird in einem ersten Schritt der Beschaffenheit von Waldbränden im Allgemeinen nachgegangen. Unter diesen allgemeinen Punkt fallen Debatten über Erklärungen von Bränden nicht-anthropogenen Ursprungs, die Frage nach der Ausbreitung von Waldbränden und die Auseinandersetzung mit Wechselwirkungen zwischen Vegetation und Feuer.

Ein zweiter, zentraler Schritt bildet die Untersuchung von Debatten über die Bekämpfung von Waldbränden. Eine differenzierte Betrachtung soll dabei in Bezug auf Unterschiede bei der Bekämpfung von kleinerem Bodenfeuer und grösseren Bränden erfolgen. Auch die Rolle von Feuer und Wasser bei der Waldbrandbekämpfung bildet einen Teil dieser Debatte. Anhand eines Vergleichs zweier Waldbrandereignisse wird zuletzt geprüft, ob und wie die in den forstlichen Schriften erläuterten Massnahmen auch in der realen Brandbekämpfung Anwendung fanden.

In einem dritten und letzten Schritt wird auf verschiedene Aspekte der Verhütung von Waldbränden nachgegangen, die den Weg in das forstliche Schrifttum gefunden haben. Neben gesetzgeberischen Massnahmen waren dies Eingriffe in die Zusammensetzung der Wälder, die Früherkennung und das Meldewesen sowie die kritische Reflexion von Waldbrandereignissen.

2.1 Zur Beschaffenheit von Waldbränden

2.1.1 Die Frage nach den natürlichen Ursachen von Bränden im Wald

Die Entzündung von Biomasse ist die chemisch-physikalische Grundlage bei der Entstehung von Waldbränden.[58] Grundsätzlich ist zwischen anthropogenen und nicht-anthropogenen Ursachen zu unterscheiden, die die Entstehung eines Brandes im Wald hervorrufen können.

Bezogen auf den anthropogenen Ursprung von Waldbränden ist vorgängig anzumerken, dass die Waldnutzung seit dem frühen Mittelalter ein wichtiger Bestandteil der bäuerlichen Lebenswelt war. Ein existenzsichernder landwirtschaftlicher Betrieb war in den meisten Fällen nur in Abhängigkeit von der Nutzung des Waldes möglich. Zudem waren verschiedene spezialisierte Gewerbezweige im Wald tätig, wodurch die Waldnutzer oftmals komplexe Nutzungsarrangements eingehen mussten. Der Wald ist in diesem Sinne in vorindustrieller Zeit als Wirtschaftsraum mit zahlreichen partizipierenden Berufsgruppen zu verstehen, von denen viele Gewerbetreibende ihre Produkte mit der Verbrennung von Holz erzeugten.[59] Neben Arbeitsunfällen oder Brandrodungen konnte auch fahrlässiges Feuern oder Brandstiftung im Wald zu anthropogen verursachten Waldbränden führen. Gleichzeitig wurde bereits seit der Antike nach Erklärungen für die Entstehung von natürlichen Waldbränden gesucht. Welche Interpretationen zu der Zeit bestanden, vermittelt etwa ein Ausschnitt aus dem im 1. Jahrhundert v.

---

[58] Vgl. Scott et al. 2014: 4.

[59] Vgl. Hasel, Schwartz [3]2006: 197-260; für Beispiele landwirtschaftlicher Waldnutzung vgl. Mantel 1990: 89-111; für Beispiele gewerblicher Waldnutzung Küster [2]2008: 155-166.

Chr. verfassten Lehrgedicht *de rerum natura* des römischen Dichters und Philosophen LUKREZ[60]:

> „[…] arboribus vicina cacumina summa terantur inter se, validis facere id cogentibus austris, donec flammai fulserunt flore coorto. scilicet, et non est lignis tamen insitus ignis, verum Semina sunt Ardoris multa, terendo quae cum confluxere, creant incendia silvis. Quod si facta foret silvis abscondita flamma, non possent ullum tempus celarier Ignes, conficerent volgo silvas, Arbusta cremarent.“[61]

Mit der Ablehnung der Idee eines bereits in der Pflanze immanenten ‚Feuerstoffs‘ und der Konzeption der ‚Entzündung durch Reibungswärme‘ durch LUKREZ wird ersichtlich, dass bereits in antiker Zeit unterschiedliche Lehrmeinungen über die Entstehung von Waldbränden bestanden. Der oben aufgeführte Quellenausschnitt soll des Weiteren als Referenz dienen, wenn nun der Bogen ins 18. Jahrhundert geschlagen wird. Hans Carl von CARLOWITZ[62] deutet in seinem bedeutenden Werk ‚Sylvicultura Oeconomica‘ 1713 die Möglichkeit nichtanthropogener Entzündungen von Gehölzen an, bleibt im Wortlaut aber unbestimmt.[63] In der Ausgabe von 1732 findet man im neu verfassten, unabhängigen dritten Teil des Mitautors Julius Bernhard von

---

[60] Titus Lucretius Carus (99 oder 94 v. Chr.-55 oder 53 v. Chr.), römischer Dichter und Philosoph. Vgl. Sedley 2013.

[61] Smith ³2002: 74-75: „[…] It happens that the topmost branches of tall trees being close together are rubbed one against the other when the strong south winds compel them so to do, until the flower of flame breaks out and they blaze. Assuredly, and yet fire is not implanted in the wood, but there are many seeds of heat which stream together by rubbing and make a conflagration among the forests; whereas if the flame were hidden in the forests read made, the fires could not be concealed for a moment, they would consume the forests everywhere, burn up the trees.“

[62] Vgl. Hasel, Schwartz ³2006: 318-319; Thomasius 2013: 78: Mit der Niederschrift der ‚Sylvicultura Oeconomica‘, dem ersten geschlossenen forstwirtschaftlichen Werk im deutschen Raum, hat der sächsische Berghauptmann Hans Carl von Carlowitz (1645-1714) im frühen 18. Jahrhundert den Grundstein für die wirtschaftliche und wissenschaftliche Entwicklung des Forstwesens gelegt. Dabei ist das Werk von Carlowitz vor allem als Sammlung und Ordnung der zum Ausgang des 17. Jahrhunderts vorhandenen forstwirtschaftlichen Erfahrungen zu verstehen.

[63] Carlowitz 1713: 73: „Grosser und fast unverwindlicher Schade geschiehet auch in den Wäldern, wenn entweder in grosser anhaltenden Dürre und Sommerhitze ein Brand in denselben entstehet […].“

ROHR[64] ein ganzes Kapitel „von den Erd- und Waldbränden, und dem Absterben der Wälder“[65], das einerseits die bereits oben ausgeführte Theorie der „Entzündung durch Reibungswärme“[66] aufgreift, andererseits aber auch auf eine weitere Erklärung nicht-anthropogener Verursachung von Waldbränden verweist:

> „Es ist möglich, dass die hefftigen Sonnen-Strahlen an den Orten, wo viel schweflicht, salpetrich, harzicht und fett Erdreich ist, einen Brand erregen können. [...] Die Sonnen-Strahlen können in dergleichen Erdreich die in den Zwischen-Räumlein der Cörper befindliche Materie der Wärme in Bewegung setzen [...].“[67]

Aus der besonderen Wortwahl ROHRS können Fragmente anderer Gelehrtendiskurse erkannt werden. Der Hinweis auf das ‚schweflicht, salpetrich, harzicht und fett Erdreich‘ führt zurück auf die Theorien der Chemie in der zweiten Hälfte des 17. Jahrhunderts, als die chemischen Lehren der Zeit zunehmend in Frage gestellt und durch Erkenntnisse aus der qualitativen chemischen Analyse ersetzt wurden.[68] Im 18. Jahrhundert war dann die Aufklärung des Verbrennungsvorganges die zentrale Forschungsfrage, welche im Wesentlichen die Entwicklung der chemischen Theorien bestimmte.[69]

---

[64] Der aus Sachsen stammende Julius Bernhard von Rohr (1688-1742) veröffentlichte nach umfangreichen Studien an der Universität Leipzig verschiedene Werke mit kameralistischen und naturwissenschaftlichen Bezügen. Im Zuge seiner wissenschaftlichen Tätigkeit war er auch an der Erarbeitung einer zweiten Ausgabe der ‚Sylvicultura Oeconomica‘ des ebenfalls in Sachsen wirkenden Carlowitz beteiligt und verfasste einen dritten Teil des umfassenden forstlichen Werkes. Vgl. Inama von Sternegg 1889.

[65] Rohr 1732: 98-102.

[66] Ebd.: 99: „Es ist auch nicht ganz unbegründet, wenn man vorgeben will, dass fette Kiefern oder andere hartzigte Bäume, so durch starcke Commotion der Winde beständig an einander stossen und reiben, dergleichen Feuer bey dazwischen kommender grossen Sonnen-Hitze zu excitiren vermögend.“

[67] Ebd.: 98.

[68] Ein Beispiel für die Auffassung der chemischen Lehren bis ins 17. Jahrhundert stellt der Bericht von Claudin aus dem Jahr 1634 über einen Waldbrand in der Region Picardie dar, in dem vorgängig die der griechischen Antike entstammende Vier-Elemente-Lehre erläutert wird. Vgl. Claudin 1634: 3-6.

[69] Die Entwicklung der hypothetischen Substanz Phlogiston durch Georg Ernst Stahl (1659-1734) bildete zwischenzeitlich die vorherrschende Lehrmeinung bei der

ROHR verweist oben auch auf die 1725 verfassten Ausführungen Christian WOLFFS[70], welcher das Initial der Entzündung der Sonnenstrahlung und der damit in Gang gesetzten Bewegung von Materie in den kleinen Zwischenräumen von Körpern zuschrieb.[71] Während ROHR im oben aufgeführten Zitat noch von der blossen Möglichkeit der Selbstentzündung von Wäldern spricht, wird in anderen Werken entschiedener argumentiert. Mehrfach wird in der forstlichen Literatur des 18. Jahrhunderts auf Heinrich Wilhelm DÖBEL[72] und seine 1746 verfasste ‚Eröffnete Jäger-Practica' verwiesen:

> „Das Feuer, welches sowohl in Wäldern und Heiden, als Rändern, von sich selbsten entstehet, ist öfters sehr penetrant, und ihm mit grosser Mühe vorzukommen. Dessen Ursache ist besonders dem schwefel- und salpetrichten Boden, und der Materie zuzuschreiben, die hin und wieder in dem lockern Boden sich zuweilen auswirft. Sonderlich geschieht solches zur Sommers-Zeit bey heissem Wetter, da die Sonne mit ihren Strahlen dergleichen schwefelichten Boden entzündet, und der Boden anfänget, innerlich zu brennen."[73]

Ausführungen wie diejenigen DÖBELS wurden jedoch auch kritisch hinterfragt. Dies geht etwa aus den ‚Grundsäzen der Forst-Oeconomie' MOSERS[74] hervor, wo in Bezug auf die bei DÖBEL aufgeführte Selbstentzündungsthese der Satz beigefügt ist: „Andere läugnen dergleichen Feuer gar."[75]

Erklärung von Verbrennungsvorgängen, bis Antoine Lavoisiers (1743-1794) Oxidationstheorie diese Ende des 18. Jahrhunderts verdrängte. Vgl. Laupenheimer 1992: 11-58.

[70] Christian Wolff (1679-1754), Philosoph und Mathematiker. Vgl. Schrader 1898.

[71] Vgl. Wolff 1725: 194-196.

[72] Heinrich Wilhelm Döbel (1699-1759), Hirsch- und Holzgerechter Jäger mit Stellungen in Braunschweig und Sachsen. Sein Werk ‚Eröffnete Jägerpraktika' war bis zum Ende des 18. Jahrhunderts der Inbegriff der Literatur zum Forst- und Jagdwesen. Vgl. Hasel, Schwartz [3]2006: 321.

[73] Döbel 1746: 75.

[74] Wilhelm Gottfried von Moser (1729-1793), Kameralist aus Württemberg und Verfasser des zweibändigen forstlichen Lehrbuchs ‚Grundsäze der Forst-Oeconomie'. Vgl. Hasel, Schwartz [3]2006: 325-326.

[75] Ebd.

In Anbetracht der Dispute, die sich die zwei Forstgelehrten DÖBEL und Johann Gottlieb BECKMANN[76] in der zweiten Hälfte des 18. Jahrhunderts lieferten,[77] fällt die Zurückhaltung BECKMANNS und anderer Autoren zur Theorie der durch Sonnenstrahlung und -wärme verursachten Selbstentzündung von Wäldern auf. Insbesondere beklagte BECKMANN aber die häufig zu beobachtende Unwissenheit und mangelhafte Ausbildung der Forstbeamten, vor allem in naturwissenschaftlicher Hinsicht.[78]

Ein zweiter Erklärungsansatz nicht-anthropogener Verursachung von Waldbränden benennt wiederum ROHR bereits in der ‚Sylvicultura Oeconomica': „Nicht weniger können dergleichen Entzündungen durch den Strahl des Blitzes entstehen […].“[79] Während andere Ansätze über die nicht-anthropogene Ursache der Entstehung von Waldbränden verschwanden, konnte sich einzig die Theorie der Entzündung durch Blitzschläge bis in die forstlichen Schriften des 19. Jahrhunderts halten.[80] Gelegentlich tritt der eindeutige Nachweis von Blitzschlägen als verursachendes Element auch in den eigentlichen Waldbrandberichten auf.[81] Daneben verschwanden die im 18. Jahrhundert aufgestellten Theorien der Selbstentzündung von Wäldern in den Schriften des 19. Jahrhunderts zunehmend. Bis weit ins 19. Jahrhundert hinein wurde die Möglichkeit der Selbstentzündung von Wäldern durch die Sonnenstrahlung zwar weiterhin eingeräumt, jedoch weit weniger entschieden als dies einige Forstgelehrte im 18. Jahrhundert taten.[82]

Das Forstwesen befand sich an der Wende vom 18. zum 19. Jahrhundert im Umbruch. Nachdem sich einzelne Forstexperten an die Niederschrift ihres forstbezogenen Erfahrungsschatzes gemacht hatten,

---

[76] Johann Gottlieb Beckmann (?-1777), Forstinspektor in Kursachsen. Vgl. Löbe 1875.
[77] Vgl. beispielsweise Beckmann 1756.
[78] Vgl. Schwappach 1888: 540-541.
[79] Rohr 1732: 99.
[80] Vgl. Hartig ^{6}1820: 70; Hundeshagen ^{2}1828: 568; Cotta ^{2}1836: 173 sieht Gewitter als natürliche Ursache von Waldbränden.
[81] Ammon 1911: 292: „Die Entstehung des Brandes durch Blitzschlag ist einwandfrei festgestellt.“
[82] Macklot 1817: 776: „[…] denn die von einigen behauptete Selbstentzündung der Wälder durch die Sonnenstrahlen ist noch nicht erwiesen, sondern gründet sich zur Zeit noch auf die blosse Möglichkeit.“

divergierte die frühe Forstwissenschaft in der zweiten Hälfte des 18. Jahrhunderts zunehmend in verschiedene Sparten. Neben der mathematischen und naturwissenschaftlichen Richtung bildete sich unter Vertretern des Kameralismus auch eine ökonomische Richtung, welche der Waldbewirtschaftung und damit dem Ertrag aus den Wäldern einen hohen Stellenwert einräumte.[83] Insbesondere letztere Gruppe hatte ein grosses Interesse daran, das forstliche Wissen der Zeit zusammenzutragen und auch die Ausbildung der zukünftigen Forstexperten auf ein höheres Niveau zu heben. Zusammen mit den Entwicklungen, die mit Aufklärung, Rationalismus, Naturrecht, Revolution und Industrialisierung im 19. Jahrhundert in Europa Einzug hielten, ergaben sich auch grosse Veränderungen im Forstwesen und brachten eine neue Generation von Forstwissenschaftlern hervor, die später unter dem Namen „Forstliche Klassiker“[84] bekannt werden sollten.

Wie wirkten sich diese Umbrüche nun auf die naturwissenschaftliche Erforschung der Waldbrandthematik aus? Insgesamt ist im Verlauf des 19. Jahrhunderts in den schriftlichen Quellen eine deutlich sachlichere, rationellere und differenziertere Sprache zu erkennen, wenn es um die Beurteilung der Ursachen von Waldbränden geht. So liest man etwa in Georg Ludwig HARTIGS[85] ‚forstlichem und forstnaturwissenschaftlichem Conversations-Lexicon‘:

---

[83] Vgl. Hasel, Schwartz ^{3}2006: 323-332; Mantel 1990: 179; zu den wirtschaftlichen Aspekten im Zusammenhang mit Waldbränden siehe unten Kapitel 3.

[84] Hasel, Schwartz ^{3}2006: 334: „Sie waren mit der Arbeit im Wald vertraut, hatten studiert, übernahmen leitende Stellungen in den Forstverwaltungen und lehrten zugleich an den Universitäten. Damit war ihnen eine grosse Breite des Wirkens gesichert. Diese Begründer der Forstwissenschaft waren in der Lage, das ganze forstliche Wissen ihrer Zeit zu erfassen und zu beeinflussen.“

[85] Georg Ludwig Hartig (1764-1837), einer der schillerndsten Figuren unter den ‚Forstlichen Klassikern‘, veröffentlichte während seiner Laufbahn, die mit der Berufung als preussischer Staatsrat und Oberforstmeister ihren Höhepunkt fand, zahlreiche herausragende forstliche Werke. Hartig setzte sich auch für eine bessere Ausbildung angehender Forstfachleute und damit zusammenhängend der Schaffung forstlicher Lehranstalten ein. Zeitlebens beschäftigte sich Hartig mit der Wiederaufforstung heruntergewirtschafteter Waldflächen, die in den preussischen Gebieten der ersten Hälfte des 19. Jahrhunderts äusserst zahlreich waren. Vgl. Hasel, Schwartz ^{3}2006: 334-338.

> „Die Erfahrung lehrt, dass Waldbrände bei trockener Jahreszeit, besonders häufig aber in den Nadelholzwaldungen […] entstehen […]. Nur sehr selten entstehen Waldbrände durch Naturereignisse oder durch Zufall, fast immer sind Menschen schuld an einem solchen Unglücke. Unvorsichtigkeit, Bosheit und Eigennutz sind meistens die Ursache.“[86]

Die zunehmende wissenschaftliche Pragmatik führte dazu, dass nun vermehrt die Umstände von Brandausbrüchen betrachtet wurden, wie dies HARTIG mit dem Hinweis auf die Zusammensetzung des Waldes und die klimatischen Gegebenheiten andeutet.[87] Dies geht im Übrigen auch aus vielen Waldbrandberichten des 19. Jahrhunderts hervor.[88] Zudem wurde bei der Beurteilung von Waldbränden wieder zunehmend dem Menschen selbst ein hoher Anteil als verursachendes Element zugeschrieben. Dies war im Übrigen keine neue Entwicklung, denn in zahlreichen forstlichen Schriften vom 18. bis zum 20. Jahrhundert wurde in den Ausführungen zum Thema Waldbrand von spekulativen Theorien abgesehen und stattdessen die gesetzlichen Bestimmungen für agrarische und gewerbliche Waldnutzung sowie die rechtlichen Konsequenzen von Waldbrandstiftung betont.[89]

---

[86] Hartig, Hartig 1834: 924.

[87] Die Theorie der Selbstentzündung spielt in der heutigen Waldbrandforschung ebenfalls keine Rolle mehr, wie dies aus Scott et al. 2014: 3 hervorgeht: „The general principle for vegetation fires is that there is an initial high-temperature heat source. This may be produced by lightning, volcanic activity, a spark from a rock fall or, of course, by humans.“

[88] Bericht über den Brand bei Mühlenberg, 05.12.1808, StAB [Staatsarchiv Bern], B.VI.692.1808.XII.5,265, hier etwa die Beurteilung eines Waldbrandes des bernischen Oberförsters Kasthofer im Jahr 1808: „Ich habe unterm 8. Juni den Auftrag erhalten, den durch einen beträchtlichen Waldbrand im oberheitl. bey Blankenburg liegenden Mülenberg verursachten Schaden zu besichtigen […]. Da der Mülenberg als ein beynahe ruinierter Wald anzusehen ist, so werde ich nicht nur den abgebrannten Bezirk, sondern im Allgemeinen den ganzen Bestand in dem Berichte rühren […].“

[89] Auffällig beispielsweise die Ausführungen des französischen Botanikers Duhamel, der als Vertreter der Phlogistontheorie galt, sich in seinem Werk ‚Des semis et plantations des arbres‘ aus dem Jahr 1755 aber diesbezüglich zurückhaltend über Waldbrandursachen äussert. Vgl. Duhamel 1755: 328-330.

2.1.2 Die Ausbreitung von Waldbränden – Brandformen und Einflussfaktoren

Nach der Initialisierung ist die weitere Entwicklung eines Waldbrandes von entscheidender Bedeutung für den zu leistenden Löschaufwand und die Schwere des Schadens.[90]

Eine gründliche Auseinandersetzung mit den verschiedenen Formen von Bränden im Wald findet sich in HARTIGS ‚Erfahrungen und Bemerkungen beim praktischen Forst- und Jagdwesen' von 1826, wo zunächst eine Unterteilung in „Lauf-, Gipfel- und Erdfeuer"[91] vorgenommen wird. Mit dieser Unterteilung können laut HARTIG grosse von kleinen Bränden unterschieden werden. Dies ist seiner Ansicht nach insofern von Bedeutung, dass „die Mittel zur Löschung in jedem dieser Fälle verschieden sind."[92] Die grundsätzliche Dreiteilung der Klassifizierung hat sich indes im 19. Jahrhundert durchgesetzt, was auch an anderen forstlichen Schriften der Zeit erkannt werden kann.[93] Bis dahin wurde diese Klassifizierung eher unsystematisch und wenig präzise angedeutet.[94] Dass solch differenzierte Betrachtungen der Brandform erst im forstlichen Schrifttum des 19. Jahrhunderts in Erscheinung traten, ist zudem mit dem im 18. Jahrhundert laufenden Diskurs über den Verbrennungsvorgang, der in Kapitel 2.1.1 erläutert wurde, zumindest in Verbindung zu setzen. Dies wird etwa bei Wilhelm Gottfried MOSER ersichtlich, der 1757 im Zusammenhang mit der Selbstentzündungstheorie gemäss DÖBEL bemerkt: „Dasjenige Feuer, wel-

---

[90] Vgl. Lex ^{4}1996: 29-40. Zu den Auswirkungen von Waldbränden auf die Vegetation siehe Kapitel 2.1.3.2.

[91] In der modernen Forschung existieren heute unterschiedliche Begriffe für die verschiedenen Brandformen, vor allem für das am Boden verlaufende Feuer: Frey, Lösch ^{3}2010: 217 verwenden den Begriff Grundfeuer; Lex ^{4}1996: 34 spricht von Bodenfeuer; bei Thomas, McAlpine 2010: 38 „Ground Fire".

[92] Hartig 1826: 76.

[93] Unter den ‚forstlichen Klassikern' vgl. Hundeshagen ^{2}1828: 569-571; Cotta ^{2}1836: 164; detaillierte Ausführungen finden sich bei dem in Österreich wirkenden Feistmantel 1835: 226-229.

[94] Heppe 1754: 452 schreibt beispielsweise über den Verlauf eines Brandes: „[...] und der Wind das Feuer in das dürre Geniste am Boden gejaget hätte: worinnen es bey dem dürren Wetter bald fortgelaufen, und ein starkes Tangel-Dickicht ergriffen: da denn die Flamme sich zu allen Seiten im Holze ausgebreitet, und das Feuer wie eine Katze an den Stämmen in die Höhe gelaufen wäre [...]."

ches in einigen Wäldern zuweilen von sich selbsten entstehet, ist gemeiniglich viel stärker, durchdringender und schwerer zu löschen."[95] Wie dies am Beispiel der Definition des Bodenfeuers veranschaulicht werden kann, macht etwa Rudolf FEISTMANTEL[96] im 19. Jahrhundert die Schwere und die Form eines Brandes aber von ganz anderen Faktoren als der Entzündungsursache abhängig:

> „Es werden hierbei die an der Bodenoberfläche befindlichen Gegenstände [...] von dem sich entwickelnden Feuer ergriffen und verzehrt, und da bey dem geringsten Windzuge sich dasselbe sehr schnell verbreitet und über den Boden fortläuft, sich überhaupt bey jedem Brande ein Luftzug erzeugt, wodurch ein leichteres Fortschreiten des Feuers möglich wird, so nennt man das Bodenfeuer öfter auch Lauffeuer."[97]

Dass nach dem Entzündungsvorgang am Boden vorkommende Brennstoffe die Grundlage für die weitere Ausbreitung eines Vegetationsbrandes bilden, ist bereits in den meisten auf Waldbrände bezogenen Passagen in den Schriften des 18. Jahrhundert eine unbestrittene Tatsache.[98] Auch die Rolle des Windes bei der Ausbreitung von Vegetationsbränden wird bereits in den forstbezogenen Quellen des 18. Jahrhundert thematisiert, zumeist jedoch im Zusammenhang mit brennenden Baumkronen, was Forstexperten später als Gipfelfeuer betitelten.[99] Das Übergreifen des Feuers auf die Baumkronen bildet die spektakulärste, zugleich aber auch die schädlichste Brandform. „Es giebet in solchen Brünsten ein grausams Geräusche und Brausen, sonderlich bey den Fichten und Tannen-Holtz, wenn der grüne Tangel durch die Gewalt des Feuers in Brand kömmt [...]"[100], schreibt bereits CARLOWITZ über Waldbrände und meint damit unzweifelhaft das Phänomen

---

[95] Moser 1757: 565; gleicher Wortlaut bei Scheitberger ^{2}1793: 58.
[96] Rudolf Feistmantel (1805-1871), Forstmann in Wien. Vgl. Horky 1961.
[97] Feistmantel 1835: 226.
[98] Vgl. Carlowitz 1713: 73-74; Rohr 1732: 98; Duhamel 1764: 232; Königliche Gesellschaft der Wissenschaften 1777: 47.
[99] Vgl. etwa Duhamel 1764: 232; Gesellschaft Forstmänner und Jäger 1796: 586.
[100] Carlowitz 1713: 73.

Gipfelfeuer.[101] Auch gut hundert Jahre später wählt HARTIG ähnliche Worte bei der Beschreibung dieser Brandform:

> „Ein solches Gipfelfeuer bewirkt, besonders bei Nacht, eine fürchterlich-schöne Ansicht. Das Geprassel der Flammen, das Knickern der Nadeln und der schreckliche Rauch sind gar nicht zu beschreiben. So fürchterlich schön aber ein bis in die Gipfel brennender Wald bei Nacht aussieht, so schauerlich hässlich ist derselbe nach der Löschung des Feuers bei Tag."[102]

Neben Boden- und Gipfelfeuer, auf die in zahlreichen Werken der ‚Forstlichen Klassiker' eingegangen wird,[103] findet man in Schriften zur Waldbrandthematik ausserdem den Begriff des Flugfeuers, welches, ausgehend von einem Gipfelfeuer, in Kombination mit starken Winden über weite Distanzen hinweg neue Brände veranlassen kann. Diese besonders rasche Verbreitung des Feuers birgt laut HARTIG und HARTIG (1834) die grösste Gefahr für die Löschmannschaften,[104] zuweilen auch für die dem brennenden Gebiet angrenzende Waldbestände.[105]

„Die einzige Art, einem solchen Gipfelfeuer Grenzen zu setzen, besteht darin, dass man den Zusammenhang des Holzbestandes unterbricht, und die Fortpflanzung des Feuers in den Gipfeln dadurch verhindert,"[106] schreiben Georg Ludwig HARTIG und Theodor HARTIG 1834. Damit wird von der weitgehenden Unabhängigkeit des Gipfelfeuers ausgegangen.

In der forstlichen Literatur des späten 19. Jahrhunderts und des beginnenden 20. Jahrhunderts wurde dann genau diese Beziehung zwischen Boden- und Gipfelfeuer genauer thematisiert.[107] Max KIENITZ[108] macht

---

[101] Das von Carlowitz beschriebene Phänomen ist durch den starken Luftsog begründet, welcher sich über einem Vollfeuer bildet. Vgl. Lex ^{4}1996: 35.

[102] Hartig 1826: 81.

[103] Vgl. Hundeshagen ^{2}1828: 569; Cotta ^{2}1836: 164; König ^{2}1849: 295.

[104] Vgl. Hartig, Hartig 1834: 926.

[105] Vgl. Knipping 1860: 197.

[106] Hartig, Hartig 1834: 82.

[107] Vgl. Kienitz 1904: 3; Fürst ^{6}1902: 180.

[108] Der Forstmeister, Forstwissenschaftler und Forstbotaniker Max Kienitz (1849-1931) stand Zeit seines Lebens für eine enge Verbindung von forstlicher Theorie und Praxis. Dabei widmete sich Kienitz sowohl den Forstwissenschaften als auch dem

diesbezüglich die Feststellung: „Dauernd fortbrennen kann ein Wipfelfeuer aber nur, wenn das Bodenfeuer ihm nachfolgt und wenn immer von neuem die Flammen vom Boden des Waldes bis zum Wipfel aufschlagen.“[109] Auch Paul LEHNPFUHL gibt diesen Befund im Jahr 1901 anschaulich wieder und verweist dabei auf persönliche Beobachtungen.[110] Die aktuelle Forschung verblieb bis auf einige wenige Ausnahmen bei diesen Einschätzungen.[111]

Als weitere Form des Feuers werden in den forstlichen Schriften die gelegentlich stattfindenden, sich in moorigen, torfigen oder auch in humusreichen Böden ausbreitenden, unterirdischen Schwelbrände aufgeführt. Diese schwierig zu entdeckenden Brandform kann zwar durch gewöhnliche Waldbrände initiiert werden, stellt durch ihre äusserst langsame Ausbreitung jedoch in einem weniger starken Abhängigkeitsverhältnis gegenüber dem Boden- und Gipfelfeuer. Die vorliegende Arbeit konzentriert sich aus diesem Grund primär auf die oberirdisch ablaufenden Prozesse, welche eine stärkere Interaktion untereinander aufweisen. Das sogenannte Entwicklungs- und Abhängigkeitsschema, welches in vielen Leitfäden zur Waldbrandbekämpfung Verwendung findet,[112] bietet eine entsprechende Übersicht über die verschiedenen Brandformen im Wald und ihre jeweilige Abhängigkeit zueinander (siehe Anhang, Abb. 1).

Naturschutz. Bezüglich der Waldbrandthematik ist Kienitz zudem als Begründer des ‚Kienitzschen Feuerschutzstreifens‘ hervorgegangen, welcher Waldungen vor dem Funkenwurf von Lokomotiven schützen sollte. Vgl. Max-Kienitz-Schule in Britz o.J.

[109] Kienitz 1904: 3.

[110] Vgl. Lehnpfuhl 1901: 635.

[111] Vgl. Thomas, McAlpine 2010: 44, welche auf die Möglichkeit der Eigenständigkeit von Gipfelfeuern bei sehr starken Winden aufmerksam machen, sowie Lex [4]1996: 36, welcher zudem eigenständige Gipfelfeuer an steilen Berghängen einräumt, wenn die Baumkronen vertikal geschichtet sind.

[112] Vgl. etwa Winkler 1950: 12.

2.1.3 Waldbrand und Vegetation – feuerökologische Aspekte

2.1.3.1 Einfluss der Vegetation auf das Verhalten und Auftreten von Waldbränden

Die Ausbreitung von Vegetationsbränden ist durch die Beigabe von Sauerstoff, Hitze und Brennstoffen bedingt. Fällt einer dieser Bestandteile weg, kann sich auch das Feuer nicht weiter verbreiten.[113] Natürlicherweise ist dabei die Komponente ‚Brennstoffe' nach dem Entzündungsvorgang die entscheidende, da am knappsten verfügbare Ressource.[114]

Die in Kapitel 2.1.2 aufgeführten Brandformen speisen sich aus unterschiedlichen Brennstoffen. Das Bodenfeuer breitet sich dabei in Abhängigkeit von den am Boden vorkommenden, brennbaren Materialien aus. „Dürre[s] Mooß, Graß, Reißig und dergleichen Feuerfangende Sache […]",[115] nennt CARLOWITZ als Beispiele für die frühe Ausdehnung von Vegetationsbränden.

Insbesondere mit der zunehmenden Waldbewirtschaftung setzte im 18. Jahrhundert die sachkundige, planmässige und nachhaltige Baumsaat und Aufzucht ein.[116] Es war also in den bewirtschafteten Wäldern auch vermehrt Jungwuchs anzutreffen, der wegen seiner geringen Stammhöhe leicht vom Bodenfeuer erfasst werden konnte und nebenbei die Flamme auch in die Gipfel der älteren Bestände tragen konnte.[117] Auf die Tatsache, dass Baumsaat und Baumpflanzung zumeist auch die leichter brennbaren Nadelhölzer umfassten, wird weiter unten genauer eingegangen. Generell wurde in unzähligen forstlichen Quellen zur Entstehung und Verbreitung von Waldbränden die Relevanz des Feuchtigkeitsgehaltes des Bodenüberzuges, also indirekt die klimatischen Gegebenheiten, betont.[118] KIENITZ formuliert dies im Jahre

---

[113] Vgl. Thomas, McAlpine 2010: 28, welche dies am sogenannten „Fire Triangle" festmachen.
[114] Vgl. Albini 1993: 39-40.
[115] Carlowitz 1713: 73.
[116] Vgl. Hasel, Schwartz ^{3}2006: 279-280: Wobei Baumsaat und -pflanzung bereits seit dem 14. Jahrhundert praktiziert wurden.
[117] Vgl. König ^{2}1849: 294-295; Hecke 1858: 109.
[118] Vgl. dazu etwa Bütikofer 1987: 36.

1904 folgendermassen: „Ein Waldbrand ist unter allen Umständen von der Brennbarkeit und der Entzündung des Bodenüberzuges abhängig. Besteht dieser Bodenüberzug aus frischen saftigen Kräutern oder ist er ganz beseitigt […], so ist auch ein Waldbrand nicht möglich.“[119] Es kann davon abgeleitet werden, dass vor allem während Trocken- oder Dürreperioden, wenn geringe Niederschlagsmengen und gleichzeitig hohe Temperaturen vorherrschen, auch die nach der Initialisierung stattfindende Verbreitung von Vegetationsbränden verstärkt wird.[120] Dies betont der Beitrag von BURGMEISTER, welcher Quellen des Jahres 1540 im Gebiet der erweiterten Bodenseeregion aufgearbeitet hat. Das Jahr 1540 galt europaweit als das Jahr einer Jahrhundertdürre.[121] Es hatte einen erheblichen Einfluss auf Gewässer und Gletscher, Vegetation, Tier und Mensch.[122] Bezeichnenderweise waren die Hitze und der überall vorhandene Wassermangel auch der Auslöser auf die nun stark steigende Zahl von Waldbränden in der von BURGMEISTER untersuchten Region.[123]

Das Gipfelfeuer greift im Gegensatz zum Bodenfeuer auf die Kronen der Bäume aus. Reichen Äste dabei weit an den Boden hinab oder handelt es sich um Jungwuchs, trocknet das Bodenfeuer die Nadeln dieser tiefbeasteten Bäume schnell aus und die Möglichkeit eines übergreifenden Feuers erhöht sich,[124] wie dies in einem Waldbrandbericht vom 29. April 1874 aus Schaffhausen anschaulich geschildert wird:

> „Das Feuer verbreitete sich durch das dürre Gras und die am Boden liegenden Nadeln und dürren Aeste, ergriff aber auch die 5-12 jährigen hohen Fohren in den Saaten der stärksten [?], wo die Fohren dicht standen und bis an den Boden hinab die Aeste hatten, in letzterm [?] entstand streckenweise Gipfelfeuer.“[125]

---

[119] Kienitz 1904: 3.
[120] Vgl. Gebhardt et al. ^{2}2011: 1129-1131.
[121] Vgl. Glaser 2001: 108.
[122] Vgl. Burgmeister 2008: 62-70.
[123] Vgl. ebd.: 70.
[124] Vgl. Lex ^{4}1996: 34.
[125] Expertenbericht, 29.04.1874, StadtASH [Stadtarchiv Schaffhausen], C II.60.01.04/01.

In Anlehnung an den oben aufgeführten Quellenausschnitt stellt sich die Frage, welcher Einfluss die Waldzusammensetzung auf das Vorkommen von Waldbränden hat. Wie bereits an früherer Stelle vermerkt, haben Nadelhölzer, bedingt durch Ihre leichte Brennbarkeit, einen unmittelbaren Einfluss auf das Brandverhalten von Wäldern. In den Schriften des 19. Jahrhunderts wird im Zusammenhang mit dem Übergreifen von Boden- auf Gipfelfeuer häufig die leichte Entzündbarkeit von Nadelholzbeständen genannt.[126]

Eingriffe in die Zusammensetzung der Wälder erfolgten in Mitteleuropa in erster Linie aus wirtschaftlichen Überlegungen. Ausgehend von der Stadt Nürnberg, wo im 14. Jahrhundert erstmals gezielt Nadelholz angesät wurde, verbreitete sich Saat und Pflanzung von Nadelhölzern im Laufe der frühen Neuzeit kontinuierlich in andere Städte und Territorien.[127] Auslöser dieser Entwicklung war die schwierige Situation der Holzversorgung und der wachsende Holzbedarf der mittelalterlichen Städte.[128] Vor allem seit dem 19. Jahrhundert und der Einführung einer rationellen und planmässigen Waldbewirtschaftung, welche die Erzeugung von Nutzholz anstelle von traditionellen Waldnutzungen und Brennholzproduktion treten liess, erfuhr das Waldbild Mitteleuropas einen nachhaltigen Wandel. Denn im Bereich des künstlichen Holzanbaus setzten sich seither die schnell nachwachsenden und genügsamen Nadelhölzer gegenüber den Laubhölzern endgültig durch. HASEL und SCHWARZ geben in Bezug auf die Waldzusammensetzung Deutschlands um 1300 einen Laubholzanteil von 75% und einen Nadelholzanteil von 25% an, wobei sich diese Werte bis ins Jahr 1937 umgekehrt hätten.[129] Auch der Wald in der Schweiz weist heute noch einen unnatürlich hohen Anteil an Nadelhölzern auf.[130] Es zeigte

---

[126] Vgl. König ^{2}1849: 295; Hecke 1858: 109.

[127] Mantel 1990: 347: „Sie [Die Nadelholzsaat, Anm. SL] diente dabei vorzugsweise der Wiederbestockung verödeter ehemaliger Waldflächen. Doch hat sie auch zur Umwandlung abgewirtschafteter Ausschlagswälder beigetragen, war also eine wesentliche Hilfe in Notständen, um wieder Wald entstehen zu lassen."

[128] Einerseits waren diese auf Holz für den Bau von Häusern, Wehranlagen, Brücken und anderen infrastrukturellen Bauten angewiesen, andererseits musste ein ständiger Nachschub an Brenn- und Verbrauchsholz bereit stehen. Vgl. Küster ^{2}2008: 133-137.

[129] Vgl. Hasel, Schwartz ^{3}2006: 292-300.

[130] Obwohl mittlerweile ein naturnaher und standortgerechter Waldbau angestrebt wird. Vgl. Steiger ^{4}2010: 66.

sich allerdings bald, dass Nadelwald-Monokulturen auch erhebliche Nachteile beinhalten konnten. Einerseits waren die Bestände gegenüber den Laubhölzern vermehrt durch Sturm, Schnee, Insekten und andere Schädlinge gefährdet,[131] andererseits war die Entzündlichkeit der Nadelwald-Bestände bei günstigen Bedingungen deutlich höher.[132] Dies wurde allmählich auch den Forstwissenschaftlern des 19. Jahrhunderts bewusst. KNIPPING nennt 1860 als Grund für die Mehrung von Waldbränden im Königreich Hannover „die grosse Ausdehnung des Anbaues der Nadelhölzer“[133]. Als Lösung dieses Problems sieht er bezeichnenderweise den streckenweisen Anbau von Laubholz, das als natürliche, feuerhemmende Schneise innerhalb der Nadelholzbestände wirken und das rasche Übergreifen von Gipfelfeuer verhindern soll.[134]

2.1.3.2 Einfluss von Waldbränden auf die Vegetation

Waldbrände sind keineswegs als ausschliesslich schädliche Naturphänomene anzusehen. In vielen Regionen der Welt sind sie seit langer Zeit Teil der natürlichen Ökosysteme.[135] THOMAS und MCALPINE weisen darauf hin, dass etwa die ausgedehnten Waldgebiete der russischen Taiga mit ihren immergrünen Nadelbäumen ohne die natürlichen Waldbrände in dieser Form nicht existieren könnten.[136] Gipfelbrände sind allerdings im Gegensatz zu schnell fortschreitenden und mit weniger hohen Verbrennungstemperaturen verbundenen Bodenfeuern in jedem Fall vegetationsschädlich,[137] da die Bäume nach der Verbren-

---

[131] Vgl. Hasel, Schwartz ³2006: 299; Radkau 2012: 161.
[132] Vgl. Küster ⁴2010: 325.
[133] Knipping 1860: 190.
[134] Vgl. ebd.: 191-193; König ²1849: 296.
[135] Hirschberger ⁶2012: 9: „Weltweit sind 46% der Ökoregionen von Feuer abhängig oder beeinflusst […]. Typische Feuerlandschaften sind die Taiga, die afrikanischen Savannen, die Monsun- und Trockenwälder Südasiens, die Eukalyptuswälder Australiens, die Nadelwälder Kaliforniens, die Mittelmeerregion und alle Kiefernwälder von der Taiga bis in die Subtropen“. Für Betrachtungen über die Rolle des Feuers in paläoökologischer Sicht vgl. Clark, Robinson 1993: 193-215.
[136] Vgl. Thomas, McAlpine 2010: 119.
[137] Vgl. Frey, Lösch ³2010: 217-219. Die geringere Gefahr von schnell verlaufenden Bodenfeuern wird auch von Forstexperten des 19. Jahrhunderts erwähnt; vgl. etwa Hartig, Hartig 1834: 926.

nung ihrer Blätter in ihrer Fotosyntheseaktivität stark eingeschränkt sind.[138]

Auch in historischen forstspezifisch Quellen wird auf die Auswirkungen von Waldbrandereignissen auf die Vegetation eingegangen. In der forstlichen Literatur des 18. Jahrhunderts wird dabei vielfach die Wirkung von Waldbränden auf die Leistungsfähigkeit des Bodens thematisiert. So bemerkt CARLOWITZ: „[…] wie man von alten Leuten Nachricht hat, dass es ein Seculum und noch mehr erfordere, ehe das verbrannte Erdreich […] den Baum-Saamen zum aufgehen annehme."[139] Bereits ROHR relativiert allerdings 1732 diesen Befund von CARLOWITZ.[140] MOSER rät 1757, eine Brandfläche vor der Saat zuerst von dem übriggebliebenen Holz zu säubern und umzupflügen.[141] Auch der Botaniker Henri-Louis DUHAMEL[142] (1755) vertritt eine andere Sichtweise, denn er führt die vorteilhaften Auswirkungen von Bränden an und schlägt deshalb die Aussaat nach einem Brand ausdrücklich vor: „[…] Les mauvaises herbes auroient été détruites par le feu, & que la terre seroit amandée par les cendres qu'elles auroient produites."[143]

Die Hervorhebung wachstumsfördernder Effekte durch Waldbrände findet sich in den forstlichen Schriften des 19. Jahrhunderts trotz deren Vielzahl kaum mehr. Einzelne Passagen thematisieren die Rolle des Feuers im Zusammenhang mit landwirtschaftlicher Nutzung, wie dies etwa der österreichische Forstmann WESSELY[144] Mitte des 19. Jahrhunderts in Bezug auf das in der Landwirtschaft praktizierte ‚Branden' beschreibt: „Der Nutzen der Brandung, sowohl rücksichtlich des Ge-

---

[138] Vgl. Hobi 2008: 2-3.

[139] Carlowitz 1713: 190.

[140] Rohr 1732: 100: „Es will mir fast nicht wahrscheinlich vorkommen, dass das zur Asche gewordne Erdreich sich eine so gar lange Zeit unkräfftig erweisen solte […]."

[141] Moser 1757: 566: „Um dergleichen Schaden wieder etwas zu ersetzen; so ist nützlich, dass man auf dergleichen bebrannten Oertern das noch etwan darauf gebliebene Holz oder Stöcke vollends abhaue und ausrode, den ganzen Fleck umpflüge und umhacke, und selbigen mit Holz-Saamen hinwiederum besäe."

[142] Henri-Louis Duhamel du Monceau (1700-1782), Pionier auf dem Gebiet der Forstbotanik. Seine Schriften verbreiteten sich auch im deutschen Sprachraum und betonten die Bedeutsamkeit der wissenschaftlichen Forschung auf dem Gebiet des Forstwesens. Vgl. Hasel, Schwartz ^{3}2006: 330.

[143] Duhamel 1755: 330.

[144] Joseph Wessely (1814-1898), Forstmann in Wien. Vgl. Hess 1910.

treidebaus und des Graswuchses, als auch in Bezug auf die Waldverjüngung ist zu auffallend, als dass er je geläugnet werden könnte."[145]

In vielen Quellen des 19. Jahrhunderts werden die wirtschaftlichen Auswirkungen von Bränden auf die Holznutzung diskutiert. Entscheidend ist beispielsweise für HARTIG die Tatsache, dass vom Feuer heimgesuchte Wälder für die Holznutzung niemals ganz verloren sind, sondern insbesondere die Stämme der älteren Bäume nur von aussen anbrennen. Deshalb rät er nach einem Brandereignis ein rasches Handeln in Bezug auf die Bergung und weitere Verarbeitung des Holzes.[146] KRUENITZ[147] fasst diesen Ansatz der ‚äusserlichen Verbrennung' in seiner Oekonomischen Encyclopädie von 1856 folgendermassen zusammen:

> „Aeltere Holzbestände leiden selten stark davon oder kränkeln nur durch einige Jahre, weil die kurz andauernde Hitze nicht auf die Safthaut durch die dicke Rinde dringt; mehr leiden darunter Holzbestände unter 30 Jahren, wenn die Bäume eine dünne und glatte Rinde haben und das verbrennende Gestrüpp schon etwas hoch ist, wonach an den Stämmchen die Rinde abstirbt, jedoch die Wurzeln ihre Lebenskraft behalten und meistens wieder lebhaft ausschlagen."[148]

Diese Hinweise zur weiteren Verwertbarkeit von durch Brände geschädigten Waldbeständen macht das Interessensfeld der Forstfachleute des 19. Jahrhunderts deutlich. Das forstwirtschaftliche Denken nach Nutzholzverwertung stand über einer grundlegenden Auseinandersetzung mit der Rolle des Feuers im Ökosystem Wald. Fragen nach den Wechselwirkungen zwischen Vegetation und Feuer wurden erst gegen Ende des 20. Jahrhunderts gestellt.[149]

---

[145] Wessely 1853: 320: „Während der ungebrandete Waldboden gar keine Ernte, oder kaum den ausgesäeten Samen gibt, spendet der gebrandete denselben Ertrag, wie ein gleichgelegener wohlgedüngter Acker [...]."

[146] Vgl. Hartig 1826: 83-84; Hundeshagen [2]1828: 573-574.

[147] Johann Georg Kruenitz (1728-1796), Enzyklopädist. Vgl. Weber 1982.

[148] Kruenitz 1856: 36.

[149] Vgl. Goldhammer 2007: 119.

2.2 Die Bekämpfung von Waldbränden

2.2.1 Motivation und Voraussetzungen der Waldbrandbekämpfung

2.2.1.1 Bekämpfen oder brennen lassen?

Bevor näher auf die konkreten Waldbrand-Bekämpfungsmassnahmen eingegangen wird, muss angefügt werden, dass nach der Entdeckung von Waldbränden längst nicht in jedem Fall eine entschlossene Bekämpfung erfolgte. Mehrere Waldbrandberichte, welche im Rahmen dieser Arbeit eingesehen wurden, berichten über den geringen Willen zu Löschanstrengungen oder dokumentieren gar die absichtliche Untätigkeit der Verantwortungsträger. So berichtet Albrecht HALLER[150] bei der Schilderung eines erheblichen Waldbrandes in der Nähe der Ortschaft Roche am Genfersee:

> „[…] sechs Mann von dort [von Roche, Anm. SL] stiegen auf den Berg, waren aber zum Löschen zu schwach. Den 3. [Juni 1762, Anm. SL] gingen einige Leute von Rennaz hinauf, konnten aber auch nichts ausrichten und die Vorgesetzten von Villeneuve, Noville und Rennaz sahen das Feuer ohne einige Anstalt zu machen an; ja, am 3. liess der Vorgesetzte de Rameru zu Noville ein Freischiessen und Mahlzeit vor sich gehen, während dessen dann das Feuer zu oberst, nordwärts von Rennaz auf die First stieg und die Tannen angriff.“[151]

In einem weiteren Bericht, datiert auf das Jahr 1821, wird auf einen Waldbrand in der Nähe von Nendaz im heutigen Kanton Wallis eingegangen. Obwohl der Brand schliesslich 85 ha Wald zerstörte,[152] wurden keinerlei Löschanstrengungen unternommen:

> „Ces fôrets reculées paraissaient de si peu de valeur que, pendant 15 jours que dura l’incendie, personne ne s’occupa de l’énteindre. Une équipe d’hommes de Beuson et Brignon s’employa à protéger les chalets des mayens des environs.“[153]

---

[150] Albrecht Haller (1708-1777), Wissenschaftler und Universalgelehrter aus Bern. Vgl. Boschung 2009.
[151] Haller 1762: o.S., zitiert nach Schweizerischer Forstverein 1859: 83.
[152] Vgl. Kempf, Scherrer 1982: 83-84.
[153] Ebd.: 84.

Für das Ausbleiben von Löschmassnahmen müssen diesbezüglich unterschiedliche Gründe in Betracht gezogen werden. Es ist aber davon auszugehen, dass in der Zeit des 18. und früheren 19. Jahrhunderts das wirtschaftliche Interesse an einer nachhaltigen Bewirtschaftung und Nutzung von Waldungen regional sehr unterschiedlich geprägt war. Dass im oben angeführten Quellenausschnitt vom geringen Wert der Holzbestände gesprochen wird, erhärtet diese Annahme. Vor der Verbreitung der Eisenbahn war der Transportweg ein entscheidender Faktor bei der finanziellen und logistischen Planung der Güterverschiebung, was auch und insbesondere für das Holz galt. Damit in Zusammenhang standen aber auch die Strenge der Forstordnungen, die Besitzverhältnisse und die Dichte der forstlichen Observation von Seiten der Obrigkeit höchst unterschiedlich und vor allem in peripheren Gebieten weniger ausgeprägt als in urbanen Zentren.[154] Teilweise wurde auch zu späterer Zeit eine entschlossene Bekämpfung durch die Ortsbehörden unterlassen, wie ein anderes Beispiel aus dem Walliser Champertal im frühen 20. Jahrhundert zeigt.[155] Die Motive der ländlich-peripheren Bevölkerung zur Löschung von Waldbränden werden in Kapitel 4.1 genauer beleuchtet.

2.2.1.2 Soziokulturelle Interpretation und deren Auswirkung auf die Bekämpfungsstrategien

Einen bedeutenden Einfluss auf das Bekämpfungsverhalten hatte die grundsätzliche soziokulturelle Interpretation der Ursachen von Brandereignissen. Die geschichtswissenschaftliche Risiko- und Katastrophenforschung hat in Bezug auf Stadtbrände festgehalten, dass Brände noch bis weit in die Frühe Neuzeit hinein straftheologisch gedeutet und als ein von Gott geschicktes Urteil aufgefasst wurden.[156] ZWIERLEIN weist zudem darauf hin, dass im konfessionellen Zeitalter in der zweiten Hälfte des 16. Jahrhunderts und im 17. Jahrhundert Brandpredigten besonders verbreitet waren. Dies trotz des Umstandes, dass am Ende des 17. Jahrhunderts bereits fortgeschrittene Kenntnisse in Bezug

---

[154] Vgl. Pfister 1995: 312.
[155] Vgl. Arbenz 1906: 319-320.
[156] Vgl. Allemeyer 2007a: 152.

auf Brandbekämpfungstechnik bestanden.[157] ALLEMEYER führt diesbezüglich Beispiele an, in denen die Koexistenz von religiöser Interpretation und säkularer Feuerbekämpfung bestand.[158]

Die für diese Arbeit zusammengestellten Quellen weisen für den Zeitraum vom 18. bis zum frühen 20. Jahrhundert ausgesprochen selten religiöse Deutungsmuster auf. Mit einem Blick ins 17. Jahrhundert soll an dieser Stelle auf ein Waldbrandereignis im Gebiet der Innerschweiz verwiesen werden, welches sich im Mai 1687 zutrug und dessen Ursprung der Chronist DIETRICH[159] auf folgende Weise überlieferte:

> „Es hatten zwei Geisbuben in einer ziemlichen Höhe nächst an einem Wald miteinander Tabak geraucht und wie sie vermeinten, das Feuer wieder dergestalten erlöscht, dass sie verhofften, keine Gefahr daraus mehr zu ersorgen wäre. So ist aber auf den Abend darauf der Föhn gar stark eingebrochen, welcher das Feuer wieder erweckt und bald da, bald anders hingetragen [...]. Ab welchem allem durch den unablässig brausenden warmen Föhn das Feuer endlich so hitzig geworden, dass es grosse Stücke Wald, schier in drei Stunden lang, erschrecklich entzündet [...].“[160]

Die kurz darauf angelaufenen Löschversuche der ansässigen Bevölkerung blieben allerdings laut DIETRICH wegen starkem Wind erfolglos, das Feuer breitete sich in der Folge ungehindert aus und bedrohte die Ortschaften Silenen und Altdorf, deren Bewohner sich bald daran machten, ihr Hab und Gut in Sicherheit zu bringen.[161] Angesichts der verzweifelten Lage wurde schliesslich eine Brandpredigt gehalten und

---

[157] Vgl. Zwierlein 2011: 120.

[158] Allemeyer 2007a: 156 führt die Feuerordnung der Stadt Nordhausen als Beispiel an, welche im Falle eines Brandes vorschreibt, dass die unversehrten Erwachsenen das Feuer mit weltlichen Massnahmen bekämpfen, Kinder und Versehrte sich mit Gebeten an Gott bei der Bekämpfung des Feuers beteiligen sollen.

[159] Pater Josef Dietrich (1645-1704), Taufname Ludwig, bedeckte zahlreiche Vertrauensämter im Stift Einsiedeln. Vgl. Helbling 1913: 71-72. Seine im Stiftarchiv Einsiedeln aufbewahrten, 18 Folienbände umfassenden Tagebuchaufzeichnungen bilden ein einzigartiges Zeitzeugnis. Sie werden derzeit in einem am Historischen Institut der Universität Bern beheimateten Projekt einer digitalen, kommentierten Open Access-Edition zugeführt.

[160] Kirchgemeinde Erstfeld 2011.

[161] Vgl. ebd.

im Falle eines glücklichen Ausgangs der Angelegenheit eine Wallfahrt ins Kloster Einsiedeln beschlossen.[162] Dieser Vorsatz soll schliesslich zur Dämmung des Feuers geführt haben:

> „Welches Gelübde so kräftig gewesen, dass der starke Föhn gleich zu der Stunde sich gelegt, entgegen ein anderer Wind gefolgt, der das Feuer zurück und gegen seinen Ursprung getrieben, nicht lang darnach ein Regen gegeben, wodurch das Feuer wieder allgemach erloschen, und den guten Leuten wiederum Sicherheit gelassen."[163]

Interessant hierbei ist der Aspekt, dass die Zurückdrängung und Bekämpfung auf die Gebetsanstrengungen zurückgeführt wurde, während die Ursache bereits zu einem frühen Zeitpunkt geklärt war. Die Vielzahl an anthropogen verursachten Waldbränden mag einer der Gründe sein, wieso die religiöse Interpretation von Waldbränden im Laufe der Frühen Neuzeit zunehmend verschwand. Aufklärung und wissenschaftlicher Fortschritt des 18. und 19. Jahrhunderts liessen schliesslich nur noch wenig Raum für metaphysische Erklärungsmodelle übrig.[164]

2.2.2 Grundlagen der Feuerbekämpfung im Wald

2.2.2.1 Die Bekämpfung von Bodenfeuer

Gemäss den in Kapitel 2.1.2 aufgeführten Brandformen und der in Kapitel 2.1.3.1 angesprochenen, unterschiedlichen Waldzusammensetzung führen die historischen Quellen zum Thema Waldbrand je nach Situation unterschiedliche Löschmassnahmen auf. Jeder Waldbrand nimmt jedoch seinen Anfang als ein sich mit unterschiedlicher Ge-

---

[162] Ebd.: „[...] dass [?] man bei dem barmherzigen Gott um Hilf und Gnade anhaltete, welche sich erstlich in der Kirche durch ein andächtiges Gebet, dazu alles Volk gerufen sich sehr fleissig eingestellt, emsig gesucht, nachgehends aber in der Predigt, welche Herr Pfarrer von Altdorf, Hr. Dr. Stadler eifrigst gehalten, und sie zur Busse angemahnt, durch getanes Gelübde, eine Wallfahrt nach Einsiedeln zu der jungfräulichen Mutter Gottes erbeten."

[163] Ebd.

[164] Vgl. Zwierlein 2011: 120-135.

schwindigkeit ausbreitendes Bodenfeuer.[165] bei ist der zeitliche Beginn der Löschmassnahmen oftmals entscheidend für die Ausbreitung des Brandes, den zu erwartenden Löschaufwand und den Gesamtschaden. Die Geschwindigkeit bei der Mobilisation und die Menge an Löschkräften, sowie die rasch einsetzende Koordination der Löschmassnahmen wurden diesbezüglich bereits in frühen forstlichen Quellen als entscheidendes Moment bei der Bekämpfung von Waldbränden genannt.[166] Auf die gesellschaftlichen Belohnungs- und Bestrafungssystematiken im Zusammenhang mit Waldbrandereignissen wird in Kapitel 4.1.3 genauer eingegangen.

Bei den geschilderten Massnahmen zur Löschung von sich am Boden erstreckenden Bränden weisen die in dieser Arbeit berücksichtigten forstlichen Quellen vielerlei Parallelen untereinander auf. Ein Aspekt umfasst dabei die Massnahmen und Hilfsmittel zur Löschung von Bodenfeuern. So berichtet LEHMANN[167] im Jahre 1699 von den Massnahmen der Löschmannschaften im Falle von Bränden im Wald:

> „Wann nun die Leute aus den nahen Orten mit Glockenschlag und durch Obrigkeitliches Aufgeboth zum retten in grosser Anzahl auf die Wälder angeführet worden / haben sie das lauffende Feuer mit Tannen-Zweigen ausgeschlagen oder demselben fürgraben und die Rasen weghacken / auch den Zunder und hin und her liegende dürre Reissholz aus dem Wege schaffen müssen / damit das Feuer keine Nahrung gehabt / noch so ungehindert fortkommen können."[168]

Eine immer wiederkehrende Massnahme war die Verwendung der Löschinstrumente vor Ort, also der Gebrauch von Ästen und Zweigen zum Ersticken des am Boden verlaufenden Feuers. Diese Löschmassnahme wurde, wie oben geschildert, bereits vor den Forstexperten des

---

[165] Vgl. Thomas, McAlpine 2010: 37-39.

[166] So liest man etwa bei Heppe 1754: 65: „[...] Dass, wenn er [der Landes-Eingesessene, Anm. SL] des aufgehenden Feuers auf dem Holze eher gewahr wird, denn ein Forst-Bedienter seines Herrn, er augenblicklich Lärmen mache, und dem nächst-angränzenden Amte oder Förster, Nachricht überbringen lasse, auch seine Gerichts-Unterthanen Hals über Kopf zur Hülfe losschicke."

[167] Christian Lehmann (1642-1723), deutscher lutherischer Theologe. Vgl. Hantzsch 1906.

[168] Lehmann 1699: 161-162.

18. Jahrhunderts erwähnt und in der Folge von den bedeutenden Schriften der ‚Forstlichen Klassiker' bis zur forstspezifischen Literatur an der Wende vom 19. zum 20. Jahrhundert als rat- und wirksam empfohlen.[169] Daneben wird meist ein ganzes Bündel an Gerätschaften aufgeführt, welches die zum Löschen erscheinenden Mannschaften mit sich führen sollen: „Die zur Löschung Erscheinenden müssen sogleich Hacken, Schauffeln, Aexte, Beile, Eimer, Stützen, kleine Handsprützen und andere zur Löschung dienende Instrumente mitbringen,"[170] liest man dazu bei SCHEITBERGER (1793).

Ein Ziel der Bemühungen sollte dabei, wie im Quellenausschnitt von LEHMANN bereits geschildert, die möglichst rasche Einschliessung des Feuers sein. CARLOWITZ gibt 1713 weitgehend die Anweisungen LEHMANNS wieder, wenn er schreibt, dass:

> „[...] Gräben gegen das Feuer aufgeworffen und gezogen, das Moos und Raßen oben abgeräumet, und das dürre Reißig und Holtz, so im Wege lieget, weggeschaffet [werde], damit das Feuer nicht darinnen fortlauffe, und sich fortschleppen kan, sondern sich arrestiren müsse."[171]

Die Säuberung des Waldbodens von entzündlichen Brennstoffen und das Ersticken des am Boden verlaufenden Feuers wurden in diesem Sinne als Grundlage jeglicher Waldbrandbekämpfung verstanden. Dass sich diese Erkenntnis bis ins 20. Jahrhundert erhalten hat, wird an den Ausführungen von LEHNPFUHL (1901) ersichtlich:

> „Das Ausschlagen des Feuers – ein Verfahren, welches theils den Sauerstoff abschliesst, theils die Flamme unter die Entzündungstemperatur erniedrigt, und daher das Erlöschen derselben bewirkt – ist deshalb bei Waldfeuern eins der wichtigsten Gegenmittel."[172]

Dabei werden bei der Wald- und Flächenbrandbekämpfung die Anstrengungen auch heute noch in erster Linie auf die Eindämmung und

[169] Vgl. Hundeshagen ^{2}1828: 572; Fürst ^{6}1902: 179.
[170] Scheitberger ^{2}1793: 58.
[171] Carlowitz 1713: 74.
[172] Lehnpfuhl 1901: 638.

gegen die Ausbreitung des Brandes hin ausgerichtet.[173] In der ersten Hälfte des 19. Jahrhunderts werden die Vorgaben über das Verhalten der Löschmannschaften detaillierter. So führt Hartig 1826 eine genaue Ordnung ein, wie Brände am Boden angegangen werden müssen:

> „Man lasse die Hälfte der Lösch-Mannschaft mit 5 bis 6 Fuss langen belaubten Zweigen versehen, und die andere Hälfte lasse man die Harken oder Rechen zur Hand nehmen. Nun eile man auf der Seite, wohin das Feuer vom Winde getrieben wird, so schnell wie möglich vor, und umstelle mit der versammelten Mannschaft den brennenden Platz so, dass die mit Harken und Zweigen versehenen Leute abwechselnd stehen. Hierauf müssen die, welche mit Zweigen versehen sind, das fortlaufende Feuer ausschlagen, und die, welche Harken haben, das Laub, Moos und dürre Reisig vor dem Feuer wegbringen [...].“[174]

HARTIG gab sich jedoch auch kritisch gegenüber einigen Massnahmen seiner Vorgänger und forstlichen Zeitgenossen. So rät er 1826 etwa vom Aufwerfen von Gräben ab, „[...] weil das [...] viel zu langsam von Statten geht, und doch nicht mehr nützt, als die Entblössung der Erde“[175]. Auch bei KÖNIG[176] (1849) findet sich keine Empfehlung für die Anlegung von Gräben. Er empfiehlt stattdessen eine 4-6 Fuss[177] breite, am Boden aufgehackte Sicherheitsschneise, für die er den Ausdruck ‚Löschgeräumtes‘ verwendet.[178] Zur Anlegung eines Sicherheitsstreifens anstelle von Gräben rät auch FÜRST (1902) bei Bränden geringer

---

[173] Eine andere Löschstrategie wird etwa bei der Bekämpfung von Gebäudebränden eingesetzt. Vgl. Kaulfuss, Hofmann 2011: 2.
[174] Hartig 1826: 77.
[175] Ebd.
[176] Gottlob König (1779-1849), zum Kreis der ‚Forstlichen Klassiker‘ gehörig, prägte in erster Linie den vielseitigen Gebrauch der Forstmathematik, die er als eine wesentliche Grundlage der Forstwirtschaft betrachtete. König stellte dabei Forderungen nach Waldstrukturen mit hoher Stabilität, womit vor allem die Einrichtung von Mischwäldern und die naturgemässe Standortwahl gemeint waren. In diesem Sinne machte sich König für einen vollkommenen Zustand von Wäldern stark, was auch die Erholungsfunktion und die landschaftliche Bedeutung der Waldungen mit einschloss. Vgl. Hasel, Schwartz ³2006: 346-348.
[177] Geht man von 30 cm/Fuss aus, ergibt sich dabei eine Breite der Schneise von etwa 1.5 Metern. Vgl. Stieger 2014.
[178] Vgl. König ²1849: 300.

Ausdehnung.[179] Nach der erfolgreichen Bekämpfung von Bodenfeuern waren die sorgfältige Löschung der übriggebliebenen Glut sowie das Bewachen der gelöschten Brandstelle entscheidend, wie dies im Kapitel 2.2.4 diskutiert wird.

2.2.2.2 Löschen mit Wasser?

Im Laufe der Frühen Neuzeit erfuhren die technischen Mittel zur Bekämpfung von Siedlungsbränden in vielen mitteleuropäischen Städten eine erhebliche Weiterentwicklung. Vor allem das mechanische Feuerlöschwesen trat ab dem 17. Jahrhundert in Form von stetig verbesserten Druckspritzen in vielen grösseren Städten neben die traditionellen Formen der Brandbekämpfung.[180] Zentral war bei der Feuerbekämpfung in Siedlungen also das Wasser. Doch welche Rolle spielte Wasser bei der Bekämpfung von Feuern im Wald?

Waldbrände treten im Normalfall in einer ersten Phase als flächige, oftmals am Boden verlaufende Brände mit einer Feuerspitze und einer Feuerrückseite auf.[181] Wie im vorherigen Kapitel 2.2.2.1 ausgeführt, wurden Löschanstrengungen seit jeher auf die möglichst rasche Erstickung der Flammen hin unternommen und Löschmannschaften entsprechend ausgerüstet.[182] Trotzdem wurde in den schriftlichen Quellen des 18. Jahrhunderts die Verwendung von Wasser zur Löschung von Bränden eingeräumt. In den ‚Göttingischen Anzeigen von gelehrten Sachen' wird 1777 über einen mehrtägigen Waldbrand berichtet, welcher schliesslich durch Wasser aus einem nahen Bach bekämpft wer-

---

[179] Fürst [6]1902: 179: „Schneisen oder alte Wege bieten hierbei oft den besten Anhalt, sind rasch gereinigt und ermöglichen die schleunige Herstellung eines genügend breiten Sicherheitsstreifens. Gräben in solchem Falle ziehen zu wollen, hat gar keinen Zweck und hält nur unnötig auf."

[180] Vgl. Allemeyer 2007b: 58, welche jedoch darauf hinweist, dass die Schriften des 17. Jahrhunderts zwar von einer sehr rationalen und weltlichen Umgangsweise mit Bränden zeugen, vielfach aber auch die christlich/metaphysische Deutung des Feuers als göttliche Strafmassnahme weiterhin angewendet wurde.

[181] Vgl. Liebeneiner 1981: 10; Thomas, McAlpine 2010: 38.

[182] Landolt 1866: 397-398 beurteilt es als „absolut nothwendig, dass die Hülfeleistung nach denselben Grundsätzen stattfinde, wie beim Brand von Häusern, nur muss die Hülfsmannschaft nicht mit den gewöhnlichen Löschgeräthschaften, sondern mit Rechen, Hauen, Schaufeln, Sägen und Aexten usw. ausziehen".

den konnte.[183] Die Verwendung von Wasser findet sich auch bei CARLOWITZ 1713,[184] ferner bei RÖSSIG 1786, welcher in seinem ‚Lehrbuch der Policeywissenschaften' neben anderen Massnahmen die Anlegung von Wasserkanälen in die Wälder erwähnt.[185] Wiederum änderte sich die Beurteilung der Sachlage an der Wende zum 19. Jahrhundert. So riet der in Aarau ansässige ZSCHOKKE[186] bereits 1806 von der Verwendung von Wasser bei der Waldbrandbekämpfung ab:

> „Das Löschen mit Wasser ist bey Waldbränden selten anzuwenden, und nicht einmal tauglich. Viel besser ists, Schutt und Erde auf das brennende Holz zu werfen, und die Flamme zu ersticken. Eben so muss, wenn das Feuer im Rasen des Bodens weiter läuft, ehe derselbe geschält werden konnte, mit Baumzweigen der Rasen und das Feuer ausgepeitscht werden, welches Mittel schon mehrmals von der besten Wirkung gewesen ist."[187]

Diese Ansicht teilten auch die Forstexperten in der Ära der ‚Forstlichen Klassiker'. KÖNIG meint 1849 dazu: „Von Wassergefässen und Spritzen ist gegen offenes Waldfeuer kein Gebrauch zu machen."[188] HARTIG (1826) empfiehlt den Einsatz von Wasser nur bei Bränden innerhalb der Bodenschicht.[189] Ansonsten wurde das Löschmittel Wasser in den forstlichen Quellen, insbesondere ab der zweiten Hälfte des 19. Jahrhunderts, kaum noch erwähnt. Vielerorts kann wohl davon ausgegangen werden, dass aufgrund der oftmals abgelegenen Brandstellen eine Löschung mit Wasser logistisch schlicht nicht zu bewältigen war und diese Option bei rasch entdeckten und kleineren Bränden deshalb von vornherein wegfiel. WINKLER führt in diesem Sinne an: „Die Möglichkeit, Wasser zum Löschen von Waldbränden zu verwenden, ist ein seltener Glücksfall."[190] Wasser als Löschmittel von Waldbränden fand erst im Laufe des 20. Jahrhunderts mit zunehmender

---

[183] Vgl. Königliche Gesellschaft der Wissenschaften 1777: 47.
[184] Vgl. Carlowitz 1713: 74.
[185] Vgl. Rössig 1786: 347.
[186] Heinrich Zschokke (1771-1848), Universalgelehrter, Schriftsteller und Politiker. Vgl. Graf 2014.
[187] Zschokke 1806: 200.
[188] König ^{2}1849: 298.
[189] Vgl. Hartig 1826: 85.
[190] Winkler 1950: 3.

Professionalisierung, Technisierung und Mobilität in der Feuerbekämpfung zunehmende Verbreitung.[191]

2.2.3 *Erweiterte Feuerbekämpfung im Wald*

2.2.3.1 Die Bekämpfung von grösseren Bränden und Gipfelfeuer

Erfolgte eine rasche Entdeckung und schnelle Bekämpfung von Bränden im Wald, konnte das Feuer mit einer überschaubaren Anzahl an Beteiligten und innerhalb kürzerer Zeit gelöscht werden. In den Waldbrandberichten tritt bei der Schilderung kleinerer Brände jedoch stets die Befürchtung vor den hohen Schäden und Löschanstrengungen auf, die bei einer weiteren Ausbreitung des Feuers hätten eintreten können. Exemplarisch dazu steht ein Bericht von 1847, welcher einen Brand am sogenannten Schneitweg, in der Nähe der Ortschaft Dietgen in Baselland gelegen, schildert:

> „Vom Schneitweglein [...] entlang über den erhabensten und am wenigsten bewachsenen Rücken hinauf einen Flächeninhalt von ca. einer Jucharte[192] das dürre Gras abgebrannt, zwar so, dass selten hie und da vorhandene Tannzäpfen angebrannt [...]. Schwerlich wird das wenige vorhandene Gesträuch Schaden leiden, so dass kein wirklicher Schade anzunehmen ist, doch bei trockener Witterung leicht ungeheuren Schade hätte entstehen können, da rechts oben ganz in der Nähe die bewachsenen Waldungen des Dietisberg sich befinden."[193]

Im Laufe der Verbreitung und Etablierung der forstlichen Literatur wurde in Bezug auf Waldbrände zwischen kleineren und grösseren Feuern differenziert. Überschritt das Feuer eine kritische Grenze, änderte sich sowohl die Wahrnehmung des Brandes als auch die Art und Weise der Löschanstrengungen. In den Schriften des 18. Jahrhunderts

---

[191] Vgl. Liebeneiner 1981: 11; Lex ^{4}1996: 56-63.

[192] Bei der Jucharte handelte es sich um ein ehemals wichtigstes Flächenmass im Raum der Schweiz, das allerdings zumeist ein Schätzmass darstellte und deshalb regional höchst unterschiedliche Grössen umfassen konnte. Vgl. Dubler 2010.

[193] Verhörprotokoll Gemeindepräsident Wörlin, 22.02.1847, StABL [Staatsarchiv Basel-Landschaft], VR 3220 B 08.04.

wurde hingegen vielfach nur auf grossflächige, mit Gipfelfeuer verbundene Ereignisse eingegangen.[194] Die forstliche Literatur ab dem 19. Jahrhundert unterschied diesbezüglich bereits zwischen verschiedenen Schweregraden von Bränden und riet zuweilen auch zu erweiterten Löschmassnahmen, wenn am Boden verlaufende Brände eine zu starke Rauchentwicklung oder eine zu grosse Ausdehnung erlangten.[195]

Am augenfälligsten änderten sich die Ratschläge allerdings, wenn über Gipfelfeuer geschrieben wurde. Hier sind sich die Forstexperten des 19. Jahrhunderts einig: „Die einzige Art, einem solchen Gipfelfeuer Grenzen zu setzen, besteht darin, dass man den Zusammenhang des Holzbestandes unterbricht, und die Fortpflanzung des Feuers in den Gipfeln dadurch verhindert,“[196] verweist HARTIG (1826) stellvertretend für zahlreiche Quellen aus der ersten Hälfte des 19. Jahrhunderts. Bei dieser Einschätzung verblieben auch spätere Schriften. Insbesondere wurde jeweils die Schwierigkeit betont, dem Feuer überhaupt noch direkt beikommen zu können: „Ist das Feuer schon in die Gipfel geflogen, so reichen der Regel nach die am Boden auszuführenden Löscharbeiten nicht mehr aus und der Gipfelbrand selbst ist direkt nicht zu löschen,“[197] betont KIENITZ 1904. Um den Holzbestand und somit die Ausbreitung des Feuers zu unterbrechen, wurde in den Passagen, welche die Bekämpfung von Gipfelfeuer thematisieren, fast geschlossen zur Anlegung von Feuerschneisen geraten.[198] Diese Massnahme, welche der defensiven Feuerbekämpfung zuzuordnen ist, erforderte jedoch eine sorgfältige Planung und Organisation. Einerseits musste die Anlegung der Schneisen, welche eine gewisse Zeit in Anspruch nahm, in genügender Distanz zur Brandfläche erfolgen, ande-

---

[194] Vgl. Carlowitz 1713: 73-74; Döbel 1754: 78; Scheitberger ^{2}1793: 69.

[195] Vgl. Hartig 1826: 79-81; König ^{2}1849: 301-302.

[196] Hartig 1826: 82.

[197] Kienitz 1904: 5. Auch Fürst ^{6}1902: 179-180 betont: „[Bei] Gipfelfeuer [...] ist die Gefahr eine viel grössere, die Bekämpfung eine viel schwierigere, zumal bei starkem Wind, welcher Rauch, Hitze, Flammen vor sich herjagt. Hier steht dann der Mensch oft ohnmächtig dem entfesselten Element gegenüber und erst ein natürliches Hemmnis: ein breiter Kahlschlag, ein Laubholzbestand, die erreichte Waldgrenze setzen der Verheerung ein Ziel.“

[198] Vielfach wird dabei der Begriff ‚Gegenhau‘ verwendet. Vgl. Hartig 1826: 82-83; Hundeshagen ^{2}1828: 572; König ^{2}1849: 302.

rerseits mussten auch unbedingt bereits vorhandene Freiflächen mit einbezogen werden, um die Fertigstellung zu beschleunigen.[199] Für die Fällung ganzer Waldstreifen und die Bekämpfung grösserer Brände überhaupt war eine immense Mannschaft erforderlich. Waldbrandberichte aus dem 18. und 19. Jahrhundert erwähnen nicht selten hunderte von Menschen, die sich an der Bekämpfung von grossen Waldbränden beteiligten.[200] HARTIG macht den Erfolg bei der Anlegung von Feuerschneisen deshalb nicht zuletzt von der zur Verfügung stehenden Anzahl Leute abhängig:

> „Man kann daher diese Lösch-Methode nur in dem Fall anwenden, wenn man Holzhauer genug hat, um den Plan durchzuführen. Wäre aber die Anzahl der Holzhauer für die grosse Ausdehnung des Feuers zu klein, so finde diese Lösch-Methode keine Anwendung, und es bleibt dann nichts übrig, als das Feuer bis dahin brennen zu lassen, wo natürliche Zwischenräume die Fortpflanzung des Gipfelfeuers verhindern."[201]

Abgesehen von der grossflächigen Abholzung unzähliger Bäume, welche zur Anlegung von Feuerschneisen nötig war wurde stets betont, dass die Bäume in die Richtung des Feuers gefällt werden sollen.[202] Neben den Verlusten durch die bereits brennenden Holzbestände drohte in diesem Sinne eine zusätzliche Einbusse. Adolph Friedrich BODE (1840) kommt in seiner Schrift treffend auf diesen Aspekt zu sprechen: „Die Hochfeuer sind nicht allein viel schwieriger zu löschen als die Erdfeuer, sondern das Löschen selbst kann nur durch grössere Opfer an Holz bewirkt werden [...]."[203]

Als die unzweifelhaft gefährlichste Begleiterscheinung bei grossen Bränden und Gipfelfeuer wird bereits in den frühen Quellen das über

---

[199] König [2]1849: 302: „[...] Die Anlage [ist] soweit vom Feuer entfernt zu nehmen, dass die Fällung noch zeitig zu Stande gebracht werden kann, ehe der unwiderstehliche Qualm herandringt. Hie und da können wohl vorhandene Blössen mit benutzt werden."

[200] Vgl. Haller 1762: o.S., zitiert nach Schweizerischer Forstverein 1859: 84. Weiter Tscheinen 1859: 92; Gatterer 1801: 226; Lehmann 1699: 161, die von der Beteiligung tausender Helfer bei grossen Waldbränden berichten.

[201] Hartig 1826: 82.

[202] Vgl. Scheitberger [2]1793: 69.

[203] Bode 1840: 294.

grosse Distanzen sich hinwegbewegende Flugfeuer genannt.[204] Selbst wenn zuvor bereits Unterbrüche im Holzbestand vorgenommen oder Gräben aufgeworfen wurden, konnte sich dieses leicht über Hindernisse hinwegbewegen und in grosser Distanz zur Feuerfront weitere Bodenfeuer entfachen.[205] Neben der Beobachtung und Bekämpfung des eigentlichen Waldbrandes, musste bei Gipfelfeuer und allgemein bei starkem Wind deshalb zusätzlich auf neu entstehendes Bodenfeuer vor der Feuerfront und in dessen Umgebung geachtet werden.[206] Dass allerdings der ausgedehnten Anlegung von breiten Schneisen auch Kritik entgegengebracht wurde, belegen mehrere Schriften ab der Wende vom 19. zum 20. Jahrhundert. Vor allem die unnötige, überhastete Rodung nicht tangierter Waldbestände bei laufenden Löscharbeiten wurde zuweilen kritisiert.[207]

2.2.3.2 Einsatz von Feuer als Werkzeug zur Bekämpfung von Waldbränden?

Eine weitere Möglichkeit zur Bekämpfung verheerender Brände wurde in den Quellen des 19. Jahrhunderts unter dem Begriff des Gegenfeuers aufgeführt. Zuweilen wurde neben der Anlegung von Schneisen die Entfachung von Gegenfeuern als die einzige Möglichkeit angesehen, grosse Waldbrände überhaupt bekämpfen zu können.[208] Das Ziel dieser Verfahrensweise sollte, wie bei anderen Löschmassnahmen auch, die Unterbindung der weiteren Ausbreitung des Hauptbrandes sein. Welche Überlegungen hinter dieser Massnahme stecken, erklärt Theodor THON[209] in seinem ‚Allgemeinen ökonomisch-technologischen Kunst- und Gewerbe-Lexikon' von 1839:

> „Durch das vorsätzlich angezündete Gegenfeuer findet [...] also [das Hauptfeuer] keine Nahrung mehr und muss nothwendig,

---

[204] Vgl. Carlowitz 1713: 73.

[205] Vgl. Hartig, Hartig 1834: 926, welche die Gefährlichkeit sich ausbreitenden Flugfeuers betonen: „[...] Wodurch die Löschmannschaft zuweilen in die Nothwendigkeit gesetzt wird, mitten durch das hinter ihnen entstandene Feuer mit Lebensgefahr zu entfliehen."

[206] Vgl. Hartig 1826: 82.

[207] Vgl. Glück 1894: 689.

[208] Vgl. Hartig 1826: 80.

[209] Theodor Thon (1792-1838), Naturforscher. Vgl. Mitzschke 1908.

> wenn es bis an die bereits abgebrannte Stelle gelangt ist, aufhören. Haben sich beide Feuer vereinigt, so brennt alles in ihrem Bereiche stehende nieder; nun aber kommt der bis dahin schnell fortziehende Waldbrand zum Stillstand [...].“[210]

Bei gravierenden Vollbränden mit Gipfelfeuer kann sich durch die enorme Erhitzung der Luft eine vertikale Konvektion mit starker Sogwirkung bilden. Diese vom Waldbrand selber erzeugten Winde, welche bei ansonsten schwachen Windverhältnissen verstärkt auftreten, ziehen die Flammen beständig in die Höhe und trocknen durch ihre vertikale Richtung so die Blätter und Nadeln der Baumgipfel weiter aus.[211] Die Auseinandersetzung mit den Verhaltensweisen von Konvektionsströmungen bei grösseren Bränden erlaubte die Einschätzung des Gefahrenpotentials von Gegenfeuern. Richtig angewendet, konnten sie zum eigenen Vorteil genutzt werden, wie THON weiter anführt: „Dieser zur Flamme hinströmende Luftzug [...] wird zur Anlegung des Gegenfeuers benutzt.“[212] Mit der Verbrennung der am Boden auftretenden Brennstoffe sollte das Gegenfeuer nebenbei auch zur Neutralisierung der den Waldbrand antreibenden Rückkoppelungseffekte beitragen. Im gleichen Wortlaut wie THON betont dies auch KIENITZ 1904.[213]

Trotzdem mussten Gegenfeuer stets sorgfältig angelegt und zu jeder Zeit kontrollierbar bleiben.[214] Weil dies nicht in jedem Fall garantiert werden konnte, tauchten zuweilen auch kritische oder zumindest enthaltsamere Stimmen gegenüber dieser Vorgehensweise auf. So führt etwa die Schrift HARTIGS (1826) die Anlegung von Gegenfeuern nur bei grossflächigen Bodenfeuern auf.[215] Auch KÖNIG (1849) rät zur

---

[210] Thon 1839: 259.

[211] Vgl. Thomas, McAlpine 2010: 45-46; Scott et al. 2014: 335-336.

[212] Thon 1839: 259.

[213] Kienitz 1904: 5: „Sobald sie [die Gegenfeuer, Anm. SL] aber in die Nähe des mit dem Winde fortschreitenden Hauptfeuers kommen, werden sie von dem durch dieses bewirkten, aufsteigenden Luftstroms erfasst, fliegen selbst in die Wipfel den Flammen entgegen, mit denen sie sich hochaufschlagend vereinigen. Diese Vereinigung bringt beiden Feuern den Tod. Der Bodenüberzug ist verbrannt, die Nahrungszufuhr von unten fehlt daher, die Flammen in den Kronen müssen erlöschen.“

[214] Vgl. Feistmantel 1835: 232; Fürst ^{6}1902: 179.

[215] Vgl. Hartig 1826: 79-81.

Bekämpfung von am Boden verlaufenden Bränden nur im äussersten Fall zu Gegenfeuern, während er diese Löschmassnahme bei der Bekämpfung von Gipfelfeuer gänzlich ablehnt: „Die empfohlenen Gegenfeuer bei Gipfelbränden für sich in Anwendung zu bringen, dürfte selten thunlich sein, weil man einen sichern Anbrand nicht leicht gewinnen und sich auf den Luftzug nach dem Hauptfeuer hin doch nicht wohl verlassen kann.“[216]

Schliesslich dürfte die differente Beurteilung solcher Massnahmen auch immer mit den regionalen Unterschieden in Zusammenhang stehen, wie Bränden im Wald überhaupt beigekommen wurde und in welcher Häufigkeit und Intensität diese auftraten. So bemerkt auch BODE 1840, dass „[...] in Gegenden, wo die Waldbrände häufiger vorkommen, die Buschwächter und Bauern die Leitung eines Gegenfeuers ganz vorzüglich [verstehen]“[217]. Detaillierte Zeugnisse über die tatsächliche Anwendung von Gegenfeuern bei Brandereignissen sind in den schriftlichen Quellen nur selten anzutreffen. Auf die provokative Aussage des in preussischen Diensten stehenden Oberforstmeisters VARENDORFF[218], welcher Gegenfeuer als blosse Spielerei abtat,[219] formte sich jedoch Ende des 19. Jahrhunderts eine Debatte in Form mehrerer Artikel in der ‚Zeitschrift für Forst- und Jagdwesen‘. Oberforstmeister GUSE aus Frankfurt an der Donau widerspricht VARENDORFF in einem Artikel im darauffolgenden Jahr 1894 vehement, indem er die Nützlichkeit der Bekämpfungsmassnahme Gegenfeuer anhand persönlicher Erfahrungen aus Russland und Ostpreussen begründet. Zudem verweist er auf zahlreiche Beispiele erfolgreich eingesetzter Gegenfeuer.[220] Auch der Oberforstmeister BACHMANN schildert den wirksamen Einsatz von Gegenfeuer im Zuge der Bekämpfung eines grossen Waldbrandes in Waice (Brandenburg) im Jahre 1892.[221]

Neben dem Restrisiko, welches das Anlegen von Gegenfeuer mit sich bringen konnte, bestand auch immer das Problem der Wirkungslosig-

---

[216] König ^{2}1849: 303.
[217] Bode 1840: 295.
[218] Georg Eberhard Heinrich Otto von Varendorff (1838-1924), Königlich preussischer Oberforstmeister. Vgl. Neue Deutsche Biographie (NDB) o.J.
[219] Vgl. Varendorff 1894: 540-542.
[220] Vgl. Guse 1894: 139-142.
[221] Vgl. Bachmann 1894: 268-273.

keit durch falsche Handhabe.[222] Dieser Aspekt könnte einer der Gründe für die wenigen Nachweise der Anwendung des Werkzeugs Feuer zur Bekämpfung von Waldbränden in den forstlichen Quellen darstellen.

2.2.4 Nach dem Brand

Eine zentrale und wichtige Aufgabe nach der Bekämpfung von Waldbränden kam einerseits der Bewachung der niedergebrannten Waldfläche und andererseits der gründlichen Nachlöschung zu.[223] Während die forstlichen Quellen des 18. Jahrhunderts den Aspekt der Bewachung betonen,[224] weisen diejenigen des 19. Jahrhunderts zusätzlich auf die Notwendigkeit und Dringlichkeit der Nachlöschung hin. Wiederum kann diesbezüglich KÖNIG (1849) angeführt werden:

> „Ist das Feuer abgeschnitten und niedergebrannt, so muss man hauptsächlich gegen einen etwaigen Wiederausbruch desselben Vorkehrungen treffen. Unverweilt wird rund um die Brandstätte Wachmannschaft aufgestellt, welche zugleich das Löschgeräumte von allen noch vorfindlichen brennbaren Stoffen, besonders von faulem Gewürzel, reinigt, im Fall sich das Feuer darin fortschleichen könnte. [...] Endlich muss man den ganzen Platz noch so lange unter sicherer Aufsicht bewachen lassen, als Gefahr zu besorgen ist.“[225]

Die gründliche Bereinigung der gesamten Brandfläche wird in den späteren Schriften des 19. und frühen 20. Jahrhunderts immer wieder als elementare Massnahme hervorgehoben.[226] Auch in den Waldbrandberichten finden sich gelegentlich detaillierte Passagen über die

---

[222] Vgl. Liebeneiner 1981: 117, welcher behauptet, dass kein einziges der von ihm untersuchten Gegenfeuer im 20. Jahrhundert für die Bekämpfung von Waldbränden nützlich gewesen sei.

[223] Vgl. Lex ^{4}1996: 136-139.

[224] Scheitberger ^{2}1793: 70: „Ist das Feuer wirklich gedämpft, so gehet die vornehmste Sorge auf die Bewachung der Brandstätte; wofür denn hauptsächlich die Forstbedienten und Beamten so lange zu sorgen haben, bis das noch glimmende Holz, ohne Hinterlassung einiger fernern Feuersgefahr, gesichert ist.“

[225] König ^{2}1849: 303; eine ähnliche Argumentation findet sich schon bei Hartig 1826: 80.

[226] Vgl. Fürst ^{6}1902: 180.

Nachbearbeitung und -löschung von Brandflächen.[227] Mit der erfolgreichen Nachlöschung des Waldbrandes war die Angelegenheit allerdings nur in den seltensten Fällen abgeschlossen. Gerade grössere Brandereignisse hatten nicht selten tiefgreifende Konsequenzen in ökonomischer und gesetzgeberischer Hinsicht zur Folge, wie im Kapitel 2.3 genauer ausgeführt wird.

2.2.5 Mont d'Arvel 1762 und Simmenfluh 1911: Zwei grosse Waldbrände im Vergleich

Nach den Erörterungen der eher theoretisch gehaltenen forstwissenschaftlichen Schriften des 18., 19. und frühen 20. Jahrhunderts zur Bekämpfung von Waldbränden soll an dieser Stelle kurz auf die Berichte zweier Ereignisse grösseren Ausmasses eingegangen werden. Der Vergleich bietet sich an, weil beide Brände topografisch und geografisch ähnliche Begleitumstände aufwiesen, auf der zeitlichen Skala jedoch deutlich auseinanderlagen.

Der eine, bereits an früherer Stelle genannte Brand ereignete sich in der Nähe der bis 1798 zum Gebiete Bern gehörenden Ortschaft Roche auf dem Mont d'Arvel (siehe Anhang, Karte 1). Der Universalgelehrte HALLER, welcher von 1758 bis 1764 dort als Direktor der örtlichen Salinen vorstand,[228] wurde im Jahr 1762 mit einem erheblichen Waldbrand im Einzugsgebiet seines Salzwerks konfrontiert und überlieferte einen detaillierten Bericht über dieses Brandereignis. HALLER gibt an, erst am zweiten Tag nach dem Brandausbruch, am 3. Juni 1762, von Bern nach Roche zurückgekehrt zu sein und von dem Feuer erfahren zu haben, als sich dieses sich bereits stark ausgeweitet hatte. Erste Erfolge bei der Bekämpfung des Feuers durch Löschmannschaften wurden einen Tag darauf von starken Föhnwinden wieder zunichtegemacht.[229] Der Brand weitete sich daraufhin bis auf die First des Mont d'Arvel aus und ergriff dort die Gipfel der Nadelhölzer:

> „Ein Theil derselben [der First, Anm. SL] und besonders die tête de la Golettaz war mit Fichten besetzt, die in Brand geriethen,

---

[227] Vgl. etwa Ammon 1911: 293-294.
[228] Vgl. Boschung 2009.
[229] Vgl. Haller 1762: o.S., zitiert nach Schweizerischer Forstverein 1859: 83.

> und wovon Stämme von feurigem Harze die précipes herunter liefen. Der Brand war nunmehr in der Golettaz, dem Mont d'Arvel und der First ausgebreitet, und die von den Firsten herunterfallenden, brennenden Bäume, zündeten hin und wieder die Bäume im Traversin an. [...] Der beständige, und zuweilen gar heftige Wind flammte es auch noch mehr an, und trieb es gegen Roche."[230]

Die Simmenfluh, Schauplatz des zweiten Brandereignisses, liegt am östlichen Ende der Stockhornkette und bildet gleichzeitig das nördliche Portal des Eingangs in das Simmental (siehe Anhang, Karten 2 und 3). Aufgrund von Blitzschlag entzündete sich dort am 20. August 1911 ein kleinerer Bodenbrand auf dem Gipfel, der von Mitgliedern der örtlichen Feuerwehr rasch wieder gelöscht werden konnte. Nachdem das Feuer einige Tage später überraschenderweise erneut ausgebrochen war,[231] weitete sich der Waldbrand plötzlich äusserst schnell aus, wie der zuständige Oberförster AMMON[232] später berichtet:

> „Zwei Stunden später war schon die ganze Simmenfluh-Kuppe in eine mächtige dichte Rauchwolke gehüllt. Unaufhaltsam rollten Feuerbrände das steile Felsgebiet herunter; bald erschienen Flammen am untern Rande der bewaldeten Kuppe, an Grasbränden züngelten sie weiter hinunter in das mitten in der Fluh gelegene unzugängliche Mittelwäldchen und abends erreichte das Feuer schon den am Fusse der Fluh gelegenen Simmenwald der Gemeinde Wimmis. In 6 Stunden eine Vertikal-Ausbreitung von rund 600m."[233]

Damit war aber noch nicht das volle Ausmass des Brandes erreicht. Denn die darauf unternommenen Bemühungen der Feuerwehr, das Übergreifen des Feuers auf die Westseite der Hügelkette um jeden Preis zu verhindern, schlugen fehl:

> „[...] Ein brennender Stock [rollte] den ‚Grippelilass' hinunter, sprang am Fusse der Fluh auf die Westseite hinüber, auch hier

---

[230] Ebd.: 83-84.

[231] Vgl. Ammon 1911: 294, welcher als Grund für die lange Zeitdauer zwischen erstmaliger Löschung und Wiederausbruch anführt, dass möglicherweise Glut in einer Felsspalte längere Zeit überdauerte.

[232] Walter Ammon (1878-1956), Kreisoberförster. Vgl. Schuler 2001.

[233] Ammon 1911: 294.

> Feuer entfachend. Jetzt war die Situation verloren. Rasch kletterten die Flammen aufwärts und westwärts Richtung gegen den Kienberg, während die immerfort krachenden Steinlawinen und niederrollenden Baumstrünke den darunter stehenden Wald mit Glut überschütteten. Feuer und Steine erreichten nun die Simmentalstrasse [...].“[234]

Es lässt sich festhalten, dass in beiden Fällen die grösste Sorge dem Übergreifen des Feuers auf angrenzende Waldabschnitte galt. Dies zu verhindern war in steilem und felsigem Gebiet erheblich schwieriger in der Umsetzung als in flachem Gelände, denn die in vertikaler Richtung verlaufende Ausbreitung von Waldbränden kann, wie oben zu entnehmen, deutlich willkürlicher und schneller erfolgen als in flachgründigen und gut zugänglichen Waldungen.[235] Obwohl der Brand zwischenzeitlich eine beachtliche Grösse erreicht hatte, gelang im Falle des Waldbrandes von 1762 unter der Organisation von HALLER die Einschliessung des Feuers:

> „Auf der Westseite des Feuers befahl ich einen grossen Abschnitt von den Firsten bis in die Saufroide zu machen, und alles Holz in den Abgrund zu werfen, durch den dieser Bach fliesst. Gegen Osten liess ich gleichfalls den ohnedem fast nackten Felsen durch einen grossen Abschnitt bis in die Saufroide entblössen [...]. Gegenüber beorderte ich Herrn Roveraz, vom Traversin so viel zu fällen, als nöthig wäre das Feuer zu verhindern, dass es aus dem von der Saufroide durchflossenen Thale nicht in die Höhe steigen könnte [...]. Am Mont d’Arvel erwählte ich zwei grosse Schleifen (chables), die von der First in das Thal hinuntergehen [...]. Zwischen diesen Chables war das Feuer eingeschlossen [...].“[236]

HALLER nutzte diesbezüglich die natürlichen Gegebenheiten, um möglichst rasch und in gebührendem Abstand zum Brand Feuerschneisen anlegen zu können. Zudem wird durch die Mobilisierung mehrerer hundert Helfer ersichtlich, dass er durchaus imstande war, den nötigen personellen Aufwand für die Bekämpfung eines grösseren Waldbran-

---

[234] Ebd.: 296.
[235] Vgl. Winkler 1950: 5.
[236] Haller 1762: o.S., zitiert nach Schweizerischer Forstverein 1859: 84-85.

des mit Gipfelfeuer in schwierigem Gelände abzuschätzen.[237] Mit der Erwähnung der drohenden Zerstörung seiner Salzmagazine am Fusse des brennenden Hügelzuges wird im Übrigen ersichtlich, dass HALLER neben seinem engagierten Löscheinsatz durchaus auch persönliche Motive zugunsten einer raschen Bekämpfung des Brandes hatte.[238] Zudem dürfte er auch an der Sicherstellung der Holzversorgung interessiert gewesen sein, die für den Salinenbetrieb von entscheidender Bedeutung war.[239]

Schwieriger zu bekämpfen war der Brand bei Wimmis von 1911. Nach dem Übergriff des Feuers von der Simmenfluh auf den westlich gelegenen Kienberg versuchten die Feuerwehren und die inzwischen aufgebotenen Armeeeinheiten lange Feuerschneisen in der äusserst steilen und teilweise stark zerklüfteten Hügelkette anzulegen.[240] Auch in diesem Beispiel wurden die natürlichen Gegebenheiten genutzt, um möglichst schnell agieren zu können, etwa im Bereich des Kienbergwaldes:

> „Als Rauch und Feuer zum Rückzug zwangen, bot der etwa 200m rückwärts liegende Nesselzug, eine lange, steile, ca. 30m breite Geröllhalde, neue Gelegenheit zur Verteidigung. In fieberhafter Eile wurde die Linie unten bis auf die Strasse hinunter und oben hinaus bis auf den Grat freigemacht.“[241]

Doch selbst diese sorgfältig geplanten Massnahmen versagten, als das Feuer zusätzlich durch Föhnwind angefacht wurde:

> „Während im untern Teil der Wind das Feuer westwärts über die Schneise trug, entstand im obern Teil, wie in einem Kamine, ein reissender Zug, der sich über dem Grat in eine hunderte von Metern hohe, imposante Rauchsäule fortsetzte. [...] Zu oberst im Nesselzug fing auch der Waldbestand auf der Westseite Feuer.

---

[237] Ebd.: 84: „Man brachte noch in der Nacht um am 6. [Juni 1762] vier bis fünfhundert Mann an Ort und Stelle zusammen.“
[238] Haller nennt „mit zwölftausend Zentner Salz angefüllte Magazine“. Ebd.: 87.
[239] Vgl. Radkau 2012: 95.
[240] Vgl. Ammon 1911: 296-298.
[241] Ebd.: 296.

> Bis zum folgenden Tage war die Feuerlinie etwa 300m westwärts vorgerückt.“[242]

In der Folge wurden die Anstrengungen von Armee und Feuerwehr weiter erhöht, bis das Feuer durch tiefere Temperaturen und einsetzenden Niederschlag auf natürliche Weise gedämmt wurde.[243]

Beide beschriebenen Fälle weisen neben den Gemeinsamkeiten in der topografischen Situierung der Brandstellen Zeitspannen von mehreren Tagen zwischen Brandausbruch und -löschung auf. Mit anhaltender Trockenheit und einsetzendem Wind wurden zudem günstige Bedingungen für die Entstehung eines Waldbrandes aufgeführt. Wesentliche Unterschiede bestanden hingegen bei der zur Verfügung stehenden Ausrüstung. Während HALLER zur Sicherung seiner Salzmagazine in Roche lediglich einige Feuerspritzen aufbieten konnte,[244] stand den Löschkräften von 1911 im Bereich des Talbodens ein Hydrantennetz zur Verfügung, von dem aus mit Schläuchen und Wasserleitungen bereits bis in hohe Lagen mit Löschwasser gegen das Feuer vorgegangen werden konnte.[245]

Es lässt sich zusammenfassend feststellen, dass bei beiden betrachteten Waldbrandereignissen die Einschliessung des Feuers mittels sorgfältig angelegten, möglichst breiten Feuerschneisen das zentrale Ziel der Verantwortungsträger war. Daneben achtete man auf die gründliche Säuberung des Bodens von brennbaren Materialien, wenn möglich wurde auch Wasser, jedoch kein Feuer zur Bekämpfung des Brandes eingesetzt.

---

[242] Ebd.: 298-299.
[243] Vgl. ebd.: 29.
[244] Haller 1762: o.S., zitiert nach Schweizerischer Forstverein 1859: 87: „[...] so liess ich Feuerspritzen von Vevey und La Tour kommen, die von Aehlen und Villeneuve aber bereit halten [...].“
[245] Vgl. Ammon 1911: 297-299.

2.3 Die Verhütung von Waldbränden

2.3.1 Forstordnungen und Forstgesetzgebungen

Neben Fragen zur Beschaffenheit und zur Bekämpfung gehen viele forstliche Schriften auf präventive Massnahmen zur Verhinderung von Waldbränden ein. Erlasse auf gesetzgeberischer Ebene stellten dabei vielfach die Quellenbasis der forstlichen Schriften des 18. und frühen 19. Jahrhunderts dar, wie dies etwa dem Aufbau der Schrift von MOSER aus dem Jahr 1757 entnommen werden kann.[246] Nach der unmittelbaren Erfahrung eines Waldbrandereignisses bestand diese Prävention vielerorts aus dem Erlass neuer oder der Verschärfung bestehender Forstordnungen und Forstgesetze, zumindest jedoch aus der Erinnerung der bestehenden Reglemente. Exemplarisch kann dies anhand des im vorderen Kapitel 2.2.5 thematisierten Waldbrandberichts aus dem Jahre 1762 veranschaulicht werden, welchen HALLER mit den Worten abschliesst: „Sonntag, den 13. liess ich in allen Kirchen des Gouvernements ein Mandat in Erneuerung der ehemaligen Verbote ablesen, womit zumal das Feuern in den Wäldern, und der unvorsichtige Gebrauch des Tabackrauchens untersagt wird.“[247]

Inhaltlich bestanden die Passagen, welche die gesetzlichen Weisungen zur Verhinderung von Waldbränden umfassten, meist aus einem ganzen Katalog von Massnahmen gegenüber den Waldgewerben, der bäuerlichen Landwirtschaft, aber auch gegenüber Randgruppen wie Heimatlose oder Vagabunden.[248] Solche Ausschliessungsartikel dürfen jedoch in Anbetracht der fortwährenden Konflikte um die Holz- und Waldnutzung in der Frühen Neuzeit nicht unreflektiert übernommen werden.[249] Kapitel 3.2 wird sich daher mit der ökonomischen, das Kapitel 4.2 mit der gesellschaftlich-sozialen Dimension solcher Ausschliessungstendenzen befassen. Neben den Verordnungen gegenüber landwirtschaftlichen und gewerblichen Exponenten können jedoch

---

[246] Vgl. Moser 1757: 559-567.

[247] Haller 1762: o.S., zitiert nach Schweizerischer Forstverein 1859: 88.

[248] Vgl. etwa Schmidlin 1823: 44-66, in dessen Schrift die umfangreiche ‚Waldfeuerordnung‘ der württembergischen Forstgesetzgebung von 1817 abgedruckt ist.

[249] Die von der bayerischen Forstverwaltung künstlich erzeugte Holzverknappung in der ersten Hälfte des 19. Jahrhunderts wurde von strengen Vorschriften zur Begrenzung des Holzverbrauchs begleitet, was sich für die Bevölkerung und die Gewerbe äusserst negativ auswirkte. Vgl. Grewe 2004: 440-443.

auch raum- und zeitübergreifende Muster zur Verhütung von Waldbränden festgestellt werden. Generell wird stets zu einem äusserst vorsichtigen Umgang mit dem Feuer, insbesondere bei trockener Witterung, gemahnt.[250] Ein typischer Bereich, welcher in zahlreichen forstlichen Schriften angedeutet wird, betrifft des Weiteren Warnungen und Verbote im Zusammenhang mit offenem Feuer oder Tabakkonsum im Wald,[251] wie dies auch dem oben aufgeführten Zitat von HALLER entnommen werden kann.

Einen weiteren Aspekt zur Verhütung von Waldbränden erwähnt Henri-Louis DUHAMEL (1755): „[...] c'est das cette vue que l'Ordonnance défend de faire des fours ni fourneaux, de porter ni allumer du feu dans les Boiy & Bruyeres, ni d'établir des loges plus près qu'à demi-lieue des Forêts [...].“[252] Neben Beschränkungen bezüglich gewerblicher Infrastruktur wurde in der oben zitierten französischen Forstordnung auch die Erstellung von Wohnbauten in der Nähe von Waldungen verboten. Doch Einschränkungen in Bezug auf das Bauen in Waldnähe bestanden auch in den deutschen Ländern[253] und in der Schweiz, LANDOLT[254] hält dies in seinem ‚für das Schweizervolk' verfassten Lehrbuch ‚Der Wald, seine Verjüngung, Pflege und Benutzung' fest.[255]

Mit den oben beschriebenen, präventiven Massnahmen reihten sich die zur Verhütung von Waldbränden formulierten Passagen in den Forstordnungen neben die von den Städten erlassenen feuerpolizeilichen Massnahmen zur Verhinderung von Stadtbränden ein. In diesen fanden sich zwar häufig detaillierte Vorgaben zur Sicherstellung der Funktionsfähigkeit der Feuerlöschgeräte, daneben wurden jedoch auch zahl-

---

[250] Vgl. Feistmantel 1835: 220.
[251] Vgl. Rohr 1732: 99; Bechstein 1818: 172; Hartig 1826: 87; Fürst ^{6}1902: 175.
[252] Duhamel 1755: 328.
[253] Vgl. etwa König ^{2}1849: 296.
[254] Elias Landolt (1821-1896), Forstfachexperte, Professor an der Forstschule und ab 1867 Direktor des Eidgenössischen Polytechnikums in Zürich. Prägte die schweizerische Forstpolitik durch seine Mitarbeit an Berichten über den Zustand der Gebirgswälder massgeblich. Vgl. Hürlimann 2007.
[255] Vgl. Landolt 1866: 396.

reiche präventive Massnahmen geregelt, insbesondere auch nach erfolgten Feuersbrünsten.[256]

So wurde ebenfalls in den Feuerordnungen mancher Städte vor der Entzündung von Feuern durch Tabakrauchen gewarnt, einen wichtigen Teil machten derweilen bauliche Vorschriften aus. ZWIERLEIN weist etwa auf die akribischen baulichen Vorschriften der Feuerordnung von 1801 hin, welche in der von Frankreich besetzten Stadt Cologne erlassen wurde.[257]

2.3.2 *Waldbauliche Massnahmen*

Bezogen sich die forstlichen Schriften des 18. und frühen 19. Jahrhunderts noch vorwiegend auf gesetzgeberische Verordnungen zur Verhinderung von Waldbränden, tauchen im Verlauf des 19. Jahrhunderts in der Literatur immer häufiger Massnahmen im Bereich der Waldzusammensetzung auf. Vor allem das Risiko von grossen, zusammenhängenden und leicht entzündlichen Nadelholzbeständen wurde seit längerer Zeit erkannt und mit waldbaulichen Massnahmen zu minimieren versucht. Eine Übersicht möglicher Massnahmen kann etwa der Schrift KÖNIGS aus dem Jahr 1849 entnommen werden:

> „Ein angemessener Wechsel und eine geeignete Mischung von Laub- und Nadelholz trägt wesentlich zur Beschränkung der Feuersgefahr bei. In den ausgedehnten Nadelholzforsten, namentlich in den Kieferheiden des Flachlandes, ist selbst die Anlage von besonderen Feuermänteln, d.h. die Umsäumung der Nadelholzabtheilungen mit einem, mehrere Ruthen breiten Laubholzstreifen (von Birken, Eichen, eingelegten Knicken usw.) von grossem Werthe."[258]

Carl KNIPPING (1860) schliesst sich diesen Ausführungen Gottlob KÖNIGS an und erwähnt im Hinblick auf die in der Vergangenheit getroffenen Anstrengungen zur Verhütung von Waldbränden, dass diese aus seiner Sicht ihren Zweck nicht mehr erfüllen würden. Bedingt durch die schlechten Brandeigenschaften der Laubhölzer, rät auch er in

---

[256] Vgl. Zwierlein 2011: 156.
[257] Vgl. ebd.: 161.
[258] König ^{2}1849: 295.

den besonders gefährdeten Kieferwäldern Hannovers zum streckenweisen Anbau von Laubholz als natürlichen Unterbruch des Nadelholzbestandes.[259] Auch LEHNPFUHL macht die Vorteile natürlicher Sicherheitslinien geltend, indem er auf die erfolgreiche praktische Erprobung derjenigen verweist.[260] Ergänzt werden sollten diese natürlichen Bestandesunterbrüche durch unbepflanzte, als kahle Streifen die Wälder durchschneidenden Feuerbahnen. Laut den Ausführungen KNIPPINGS sollte die Waldfläche im Idealfall in ungefähr 16 Hektaren grosse Abteilungen zerlegt werden, zwischen denen jeweils 10 bis 15 Meter breite Hauptbahnen und 5 bis 10 Meter breite Nebenbahnen verlaufen. Die Reinhaltung dieser Schneisen soll das Übergreifen von Waldbränden von einer brennenden Abteilung in eine andere verhindern.[261] KNIPPING führt darüber hinaus den praktischen Nutzen solcher Feuerschneisen an:

> „Allein sie sind, abgesehen von ihrem Nutzen als Abfuhrwege, die unentbehrlichen Räume, von denen aus der weitern Verbreitung eines Waldbrandes entgegen gewirkt werden muss, z.B. um die Löschmannschaft aufzustellen, Gegenfeuer zu brennen usw.“[262]

Wie bereits im Falle der Bekämpfung von Waldbränden wurde auch die präventive Anlegung von Sicherheitsschneisen ab dem frühen 20. Jahrhundert kritisch beurteilt. Allen voran ist an dieser Stelle der in preussischen Diensten stehende Landesforstmeister Kurt Philipp Ernst von VARENDORFF[263] zu nennen, welcher 1939 resümiert:

> „So erklärt sich auch, dass die frühere Methode, ein Nadelholzrevier dadurch feuersicherer zu machen, dass man es durch breite, holzleer bleibende Sicherheitsstreifen in eine Anzahl von Feuerbereichen aufteilte, völlig Fiasko erlitten hat. Derartige Sicherheitsstreifen, die übrigens durch den Holzzuwachsverlust

---

[259] Vgl. Knipping 1860: 190.

[260] Lehnpfuhl 1901: 643: „Unter allen Umständen sind diese natürlichen Sicherheitslinien von unschätzbarem Werth. Sie [...] ermöglichen eine wirksame Bekämpfung auch mit einer geringen Löschmannschaft.“

[261] Vgl. Knipping 1860: 191.

[262] Ebd.

[263] Kurt Philipp Ernst von Varendorff (1884-1942), preussischer Landesforstmeister. Vgl. Neue Deutsche Biographie (NDB) o.J.

> und die Wundhaltung sehr kostspielig sind, werden auch bei einer Breite von 80-100 Meter vom Grosswaldbrande anstandslos übersprungen und geben diesem durch erhöhte Luftzufuhr neue Kraft.“[264]

Die Hauptkritik VARENDORFFS, welche auf die Möglichkeit des Übergreifens von Flugfeuer trotz Sicherheitsstreifen hinweist, wurde von LEHNPFUHL (1901) geteilt.[265] Der ebenfalls an der Jahrhundertwende tätige Hermann FÜRST machte 1902 darauf aufmerksam, dass die Bepflanzung von Feuerschneisen mit Laubholz für die Dämmung von Gipfelfeuer eine bedeutend effektivere Massnahme darstellen würde.[266]

2.3.3 Früherkennung und Meldewesen

Wie bereits an früherer Stelle vermerkt, hatte der Zeitpunkt der Entdeckung eines Waldbrandes einen entscheidenden Einfluss auf den Umfang und die Dauer der Bekämpfungsmassnahmen. Wurde Feuer im Wald gesichtet, schrieben die Forstordnungen der ansässigen Bevölkerung meist zwingend die Pflicht zum Löscheinsatz vor.[267] Allerdings war die rasche Entdeckung von Bränden im Wald von mehreren Faktoren abhängig, von denen die Bevölkerungsdichte sowie die Zahl und Ausbildung des Forstpersonals, ferner die Grösse und Zusammensetzung der Waldfläche besonders entscheidend waren. In den grossen, wenig besiedelten Gebieten Westpreussens führten jedoch genau diese nachteiligen Faktoren in regelmässigen Abständen zu grossen Bränden, wie Wilhelm PFEIL[268] 1822 ausführt:

> „Die Menge dürres unbenutztes kleines Holz, trocknes Gras und dergleichen, welches in solchen grossen nicht vollständig zu be-

---

[264] Varendorff 1939: o.S., zitiert nach Liebeneiner 1981: 237.

[265] Vgl. Lehnpfuhl 1901: 643. Lex ^{4}1996: 53 äussert sich als Vertreter der modernen Waldbrandforschung ebenfalls kritisch gegenüber ‚breiten Waldbrandriegeln‘.

[266] Vgl. Fürst ^{6}1902: 178.

[267] Siehe Kapitel 4.1.2.

[268] Wilhelm Pfeil (1783-1859), zu den ‚Forstlichen Klassikern‘ zugehörig, war langjähriger Direktor und Lehrer der preussischen Höheren Forstlehranstalt. Er prägte eine ganze Generation von Forstfachleuten und hinterliess ein umfangreiches Lebenswerk. Vgl. Hasel, Schwartz ^{3}2006: 341.

> nutzenden Forsten stets vorhanden ist, vergrössert die Gefahr eben so sehr, als die unvollständige Aufsicht, welche dann immer statt finden muss, wenn Ein Mensch grosse Flächen zu verwalten und zu schützen hat.“[269]

Durch die Kombination einer kleinen Anzahl potentieller Löschkräfte und einer riesigen zu überwachender Waldfläche müsse die Gefahr grosser Waldbrände in waldreichen, wenig besiedelten Gebieten umso mehr in Betracht gezogen werden als im umgekehrten Fall, folgert PFEIL anschliessend:

> „Auch hier stimmt die Erfahrung vollkommen mit der Theorie überein, indem die Waldbrände nur in grossen Forsten gefunden werden, nie in den kleinen Waldtheilen die überall von Feld und Wohnungen umgeben sind, wo bei der ersten Entstehung von Feuersgefahr sogleich hinlänglich Menschen vorhanden sind, um sie im Keime zu ersticken, während in den entlegenen Wäldern es schon um sich gegriffen hat, und dann weit schwerer zu beschränken ist, ehe man es nur gewahr wird.“[270]

Es wird im oben angeführten Quellenausschnitt also indirekt auf die Notwendigkeit eines professionellen Meldewesens im Zusammenhang mit Waldbränden hingewiesen. Seit dem 19. Jahrhundert wurden zu diesem Zweck in grossen und gefährdeten Waldungen beispielsweise Feuerwachtürme auf hochgelegenen Punkten eingerichtet.[271] Allerdings war eine flächendeckende Früherkennung von Bränden zwangsläufig auch an eine funktionierende Forstverwaltung geknüpft, deren einwandfreie Organisation und Präsenz in der ersten Hälfte des 19. Jahrhunderts noch längst keine Selbstverständlichkeit darstellte. Die Verfügbarkeit einer ausreichenden Menge an Forstpersonal war weitgehend von den waldwirtschaftlichen Interessen abhängig, welche vor dem Zeitalter der Industrialisierung nur punktuelle Interessensgebiete umfasste.[272] Zudem waren, wie HASEL und SCHWARTZ bemerken, etwa in den deutschen Ländern die Waldhüter und Forstbediensteten undiszipliniert, wegen ihrer schlechten Entlohnung nicht selten korrupt und

---

[269] Pfeil 1822: 479.
[270] Ebd.
[271] Vgl. Lex ^{4}1996: 103; Pannewitz 1829: 80, welcher die Einrichtung sogenannter ‚Feuer-Observatorien‘ im Gebiete Westpreussens erwähnt.
[272] Vgl. Mantel 1990: 165-166 sowie oben Kapitel 3.1.

hatten deshalb bis ins 19. Jahrhundert eine tiefe soziale Stellung in der Gesellschaft inne, was sich wiederum auf die Qualität ihrer Pflichterfüllung auswirkte.[273]

Allerdings hatte auch die grundlegende Reorganisation der Forstverwaltungen sowie die Professionalisierung und Aufwertung des Försterberufs in der zweiten Hälfte des 19. Jahrhunderts keinen entscheidenden Einfluss auf den Aspekt der Früherkennung, wie man den Ausführungen LEHNPFUHLS 1901 entnehmen kann:

> „Das Meldewesen ist im Grossen und Ganzen noch nicht organisiert. Die Wahrnehmung des Feuers bleibt in der Regel dem Zufall überlassen. Die im Walde wohnhaften und beim Ausbruch des Feuers sich darin aufhaltenden Forstbeamten bemerken einen Waldbrand häufig am schwersten, wenn nicht gerade in der Richtung desselben eine Lichtung einen freieren Umblick gestattet oder sich bei entsprechendem Winde Brandgeruch bemerkbar macht."[274]

Es ist nachvollziehbar, dass die im 20. Jahrhundert erfolgten Entwicklungen auf dem Gebiet der Technik und Kommunikation den Ausschlag für eine verbesserte Früherkennung von Bränden im Wald bewirkt haben. Während waldbauliche Massnahmen noch lange Zeit den gleichen forstlichen Vorgaben und Prinzipien der traditionellen Forstwirtschaft folgten, konnten Defizite in der personellen Verfügbarkeit im Verlauf des 20. Jahrhunderts mit modernster Kommunikations- und Überwachungstechnologie kompensiert werden.[275] Diese Hinweise dienen zur Verdeutlichung der fundamentalen Unterschiede, welche in technischer Hinsicht zwischen der Waldbrandverhütung und -bekämpfung im 19. und derjenigen des 20. Jahrhunderts bestanden.

---

[273] Vgl. Hasel, Schwartz ^{3}2006: 184-185.

[274] Lehnpfuhl 1901: 645.

[275] Zu erwähnen wären hierzu etwa die automatisierte kameragestützte Observation von Waldbeständen sowie die Errungenschaften in der Mobil- und Funktelefonie. Vgl. Kaulfuss 2011: 4-5.

2.3.4 *Reflexion von Waldbrandereignissen*

Eine weitere Form der Prävention stellte die kritische Reflexion von Bränden dar. Bei der Durchsicht forstlicher Beiträge zur Waldbrandthematik fällt auf, dass sich die Schriften, welche sich dem Thema Waldbrand angenommen haben, bis zum Ende des 18. Jahrhunderts vielfach auf die Wiedergabe allgemeiner Leitsätze beschränkten.[276] Neben der bereits erwähnten Tatsache, dass solche allgemeinen Leitsätze in zahlreichen Fällen dem Wortlaut der Forstordnungen folgten, wurden auch bei der Erwähnung konkreter Beispiele die genauen Umstände der Brände selten erörtert. So schliesst CARLOWITZ seine auf Waldbrände bezogenen Paragrafen unter anderem mit Beispielen aus dem 12. und 13. Jahrhundert ab.[277]

Forderungen einer kritischen Nachbearbeitung von Waldbrandereignissen tauchten im frühen 19. Jahrhundert auf. Der 1802 erscheinenden Schrift des Forstwissenschaftlers Georg Anton DAEZEL[278], welcher nach der gründlichen Löschung eines Waldbrandes auf die nächsten Schritte des für die Bekämpfung verantwortlichen ‚Forstbedienten‘ hinweist, kann entnommen werden:

> „Nun, nach getroffener dieser Anstalt ist es Zeit, dass er über den Hergang der Sache ausführlichen Bericht erstatte, und anzeige, wann, wo und aus welcher wahrscheinlichen Ursache der Brand entstanden sey; wie lang er gedauert habe; wie gross beyläufig die Brandstätte sey, und wie hoch sich der Schade belaufen möchte; ob die Eingeforsteten, und andere, der Feuerordnung gemäss, sich an Ort und Stelle eingefunden haben, und endlich wie mit dem geringsten Kostenaufwande der Ort wieder mit Holz in Bestand gesetzt werden möchte.“[279]

Das ökonomische Interesse einer nachhaltigen Holznutzung verband DAEZEL hinsichtlich der Waldbrandthematik also mit einer möglichst

---

[276] Vgl. Döbel 1746: 75; Scheitberger ^{2}1793: 66-70.

[277] Carlowitz 1713: 74: „An. 1573 soll eine grosse Sonnen-Hitze gewesen seyn, daß der Böhmer Wald sich entzündet, und gantzer 18 Wochen gebrand; Ingleichen ist anno 1225. große Hitze und Brand gewesen [...]. Desgleichen hat Ao. 1153 die grosse Sonnen-Hitze auch viel Wälder entzündet.“

[278] Georg Anton Daezel (1752-1847), Forstmann. Vgl. Hess 1876.

[279] Daezel 1802: 246.

gründlichen Reflexion des Ereignisses, um Bränden einerseits präventiv entgegenzuwirken, andererseits aber auch die Abläufe bei den Löschmassnahmen zu verbessern.

Die zunehmende Verschriftlichung und Professionalisierung des Forstwesens setzten zwar erst im weiteren Verlauf des 19. Jahrhunderts ein,[280] veränderten aber merklich den Aufbau und Inhalt der Waldbrandberichte. Insbesondere befassten man sich nun eingehender mit den Umständen und Ursprüngen von Brandereignissen, wie dies exemplarisch einem Bericht aus der Stadt Schaffhausen entnommen werden kann, wo 1874 Feuer in einer der Stadt zugehörigen Nadelholzwaldung ausgebrochen war:

> „An jenem Nachmittag wehte ein starker Westwind. Es wird dies bestätigt durch die Regel, dass der Rauch in des von West Südwest nach Ost Nordost verlaufend nach Merishausen führend thal hinabgetrieben wurde. Im weitern wird diess bestätigt durch die angebrannten Stämme, welche mit einzelnen lokalen Abweichungen im Ganzen eine westliche Windrichtung anzeigen, es sind nämlich an denselben die Rind und die Aeste auf der Windseite weniger hoch hinauf geschwärzt, [?] angebrannt, als auf der dem Wind abgekehrten Seite; auch einzelne angebrannt Rasenbüschen wiesen auf diese Windrichtung. Die muthmassliche Windrichtung ist in beiliegender Skizze mit Pfeilen bezeichnet. Danach muss der Herd des Feuers auf der Westseite gelegen haben und zwar dürften zunächst die beiden die Brandstelle begränzenden Wege in betracht fallen."[281]

Im Zuge der Nachbearbeitung des Ereignisses wurde im oben genannten Fall also eine gründliche Observierung der Brandstelle vorgenommen und die für eine Ausbreitung des Feuers verantwortlichen Faktoren genau zusammengefasst und beurteilt. Auch die Erstellung einer Karte war im Laufe des 19. Jahrhunderts offenbar ein Bestandteil dieser Nachbearbeitung geworden,[282] womit einer weiteren Forderung der Schrift DAEZELS entsprochen wurde:

---

[280] Vgl. Schwartz 1998: 93-98.
[281] Expertenbericht, 29.04.1874, StadtASH, C II.60.01.04/01.
[282] Obwohl im Falle des Waldbrandes von 1874 in den Schaffhauser Staatswaldungen die erwähnte Skizze den Weg ins Archiv nicht gefunden hat.

> „Es muss aber dieser Bericht auch mit einer Zeichnung von der Brandstätte, in welcher der Ort des abgebrannten, und der des angesengten Holzes nach Gestalt, Grösse und Lage kenntlich gemacht sind, begleitet werden, damit man sie in der Forstkarte gehörig eintragen, den Betrag des abgebrannten Holzes aber in dem Taxirungsregister in Abzug bringen, und die Ausmittelung des jährlichen nachhaltigen Ertrages darnach verbessern möge.“[283]

Es bleibt der abschliessende Hinweis, dass die Erstellung von Waldbrandberichten heute eine äusserst wichtige Rolle beim Aufbau von Waldbranddatenbanken spielt, die wiederum eine weiterführende Einbettung von Waldbrandstatistiken in die moderne Klima- und Feuerökologieforschung erlauben.[284]

2.4 Zusammenfassung

Die Debatte über die natürlichen Ursachen von Waldbränden änderte sich mit der Wende vom 18. zum 19. Jahrhunderts deutlich. Die Schriften des 18. Jahrhunderts wiesen vielfach Bezüge zu den traditionellen Lehren aus Chemie und Physik auf, die noch bis weit in das 17. Jahrhundert hinein rezipiert wurden. Bezüglich der Waldbrandthematik wäre hier etwa die Theorie der Selbstentzündung von Wäldern zu nennen. Die Forstexperten des 19. Jahrhunderts bemühten sich diesbezüglich um eine sachlichere und differenziertere wissenschaftliche Tätigkeit und führten dank einem höheren Bildungsniveau auch neue Lehrmeinungen aus der Naturwissenschaft in das Forstwesen ein. Vermehrt wurde wieder auf den anthropogenen Ursprung vieler Brände hingewiesen.

Ebenfalls veränderte sich die Beurteilung der verschiedenen Formen von Bränden im Wald. Im frühen 19. Jahrhundert erfolgte durch die deutlich pragmatischere Herangehensweise der Forstexperten die Unterteilung zwischen Boden- und Gipfelfeuer. Es wurde festgehalten, dass Gipfelfeuer zumeist in Abhängigkeit von Bodenfeuer steht. Bezüglich der Wechselwirkungen zwischen Feuer und Vegetation wurde

---

[283] Daezel 1802: 246.
[284] Vgl. Scott et al. 2014: 38-42.

den Forstexperten durch das vermehrte Auftreten von Waldbränden in dichten Nadelholzwaldungen bewusst, welche Gefahren künstlich angelegte Monokulturen, die bislang als höchst effizient und einträglich galten, in sich bargen. Durch die Konzentration auf forstwirtschaftliche Nutzholzproduktion beschäftigte man sich kaum mit den natürlichen Wechselwirkungen zwischen Feuer und Vegetation im Ökosystem Wald.

Die Bekämpfungsmassnahmen in Bezug auf kleinere Brände im Wald basierten während der gesamten Untersuchungsperiode nach der gleichen, grundlegenden Verfahrensweise. Statt dem Löschen mit Wasser erachteten es bereits die Forstexperten des 18. Jahrhunderts als hilfreicher, Feuer am Boden mittels Zweigen oder anderen Gerätschaften einzudämmen und in erster Linie gegen die Ausbreitung des Brandes vorzugehen. Grössere Brände im Wald erforderten naturgemäss auch ein umfangreicheres Vorgehen. Insbesondere der gefürchtete Übergriff des Feuers auf die Gipfel der Bäume wurde zuweilen als besonders schädlich beurteilt. Kam es zu einem solchen Ausgriff des Feuers, konnte dem Brand nicht mehr direkt beigekommen werden. Die streifenweise Fällung von Bäumen und die Anlegung breiter Feuerschneisen, die in genügender Distanz zum Brandherd angelegt werden sollten, sahen viele forstliche Schriften als einzige Möglichkeit der Bekämpfung von Gipfelfeuer. Im späten 19. Jahrhundert entbrannte eine Debatte über die Wirksamkeit dieser teilweise hastig angelegten Notfällungen. Mitunter als gefährlichste Erscheinung erachteten die forstlichen Schriften stets das Flugfeuer, welches in grosser Distanz zum eigentlichen Brandherd weitere Feuer auslösen konnte.

Umstritten war die Frage nach der Bekämpfung von Waldbränden mittels Gegenfeuer. Generell wurde diese Massnahme bereits in den forstlichen Schriften des 18. Jahrhunderts erwähnt, der Gebrauch dürfte jedoch stark variiert und zudem höchst unterschiedlichen Nutzen gebracht haben.

War ein Brand im Wald gelöscht, musste, um einen erneuten Ausbruch des Feuers zu verhindern, eine gründliche Nachbearbeitung erfolgen. Die Praxis der Feuerwachen, welche eine Bewachung der Brandstätte über mehrere Tage umfasste, stellte während des gesamten Untersuchungszeitraums eine zentrale Massnahme gegen den Wiederausbruch eines Brandes dar. Zusätzlich wiesen die Quellen des 19.

Jahrhunderts auf die Notwendigkeit der Nachlöschung hin, womit die gründliche Bereinigung der Brandfläche und ihrer Umgebung gemeint ist. Die Analyse der Bekämpfung der Waldbrandereignisse auf dem Mont d'Arvel im Jahr 1762 und auf der Simmenfluh im Jahr 1911 machte deutlich, dass sich trotz dem zeitlichen Abstand von knapp 150 Jahren die angewandten Löschmassnahmen sehr ähnelten. Die Anlegung von Schneisen zur Verhinderung des Übergreifens von Gipfelfeuer und zur Einschliessung des Feuers bildete jeweils die Grundlage der Brandbekämpfung.

Bezüglich der Verhütung von Waldbränden wurde in den forstlichen Schriften stets zu vorsichtigem Umgang mit Feuer im Wald gemahnt. Immer wieder wird dabei der fahrlässige Tabakkonsum oder offenes Feuer im Allgemeinen als besonders gefährlich betont.

Daneben propagierten forstliche Schriften des 19. Jahrhunderts den gezielten Umbau von Wäldern. Längsartige Bestandeslücken im Wald und Streifen von Laubholzbeständen zwischen den Nadelholzwaldungen sollten dabei das Übergreifen von Boden- und Gipfelfeuer verhindern. An der präventiven Anlegung von Sicherheitsschneisen wurde jedoch in der zweiten Hälfte des 19. Jahrhunderts Kritik geübt, in erster Linie aufgrund der hohen Kosten, die mit dem Unterhalt solcher Kahlflächen verbunden waren. Besonders in entlegenen Gegenden mit grossen, unübersichtlichen Waldbeständen kam zuweilen der Wunsch nach einem systematischen und organisierten Melde- und Überwachungswesen auf, was jedoch bis ins 20. Jahrhundert vielerorts nicht gelang.

Auch die kritische Reflexion von Waldbrandereignissen stellte in forstlichen Schriften des 19. Jahrhunderts eine wichtige Forderung dar. Aus dem in diesem Kapitel gezogenen Vergleich von Waldbrandberichten aus dem 18. und 19. Jahrhundert lassen sich deutliche qualitative Unterschiede in den Berichten von Waldbrandereignissen erkennen.

3 Wirtschaftliche Aspekte in Bezug auf Waldbrände

Der Wald war vor dem 20. Jahrhundert ein Wirtschaftsraum. Zahlreiche Nutzer machten Gebrauch von den vielfältigen Erzeugnissen der Wälder, wobei die unterschiedlichen Nutzungsinteressen nicht immer konfliktfrei nebeneinander Bestand hatten. Zudem wandelte sich das Waldbild durch die allmähliche Ausbreitung der Industrialisierung und die vermehrte Nutzholzproduktion im 19. Jahrhundert grundlegend.

Unkontrollierte Waldbrände bedeuteten in diesem Sinne vielfach die Zerstörung der wirtschaftlichen Grundlage vieler unterschiedlicher Nutzungsgruppen. Zudem entstand im Verlaufe der frühen Neuzeit ein zunehmendes herrschaftliches Interesse an der Erhaltung der Wälder und somit an der Verhinderung von Schäden durch Feuer im Wald. Eine umfangreiche Behandlung wirtschaftlicher Aspekte der Waldbrandthematik ist daher im Rahmen dieser Untersuchung zwingend. Dabei beleuchtet das dritte Kapitel unterschiedliche Facetten und Stadien des Wirtschaftsgefüges vom 18. bis zum frühen 20. Jahrhundert und situiert die Waldbrandthematik innerhalb der verschiedenen Themenfelder. Anders als noch im vorherigen Kapitel wird dabei vermehrt der kontextuelle Bezug zu wirtschaftshistorischen Entwicklungen hergestellt.

Drei Bereiche werden in diesem Kapitel in weitgehend chronologischer Reihenfolge genauer beleuchtet. Als erstes werden verschiedene wirtschaftliche Brennpunkte in vorindustrieller Zeit anhand des Umgangs mit dem Phänomen Waldbrand betrachtet. Neben den vorindustriellen Städten umfasst die Untersuchung auch das Montan- und Salinenwesen sowie Zentren des überregionalen Holzhandels. Zweitens wird die Rolle der Waldbrände innerhalb des Spannungsfeldes von Herrschaftsinteressen, Landwirtschaft und Waldgewerbe genauer untersucht. Insbesondere die traditionellen landwirtschaftlichen Praktiken im Umgang mit dem Feuer erfahren dabei eine besondere Berücksichtigung. Abschliessend soll drittens auf die vielfältigen Transformationsprozesse eingegangen werden, welche im Zuge der Industrialisierung in vielen Regionen Mitteleuropas Einzug hielten. Bezüglich der Waldbrandthematik wird ein Schwerpunkt auf die Rolle der sich rasch verbreitenden Eisenbahnen gelegt.

3.1 Waldbrände im Spiegel regionaler Brennpunkte in der vorindustriellen Waldnutzung

3.1.1 Wachsende wirtschaftliche Interessen und Ansprüche an den Wald in der Frühen Neuzeit

Holz als Ressource war bis zum Übergang in das fossile Energiesystem neben Wind und Wasser Hauptträger des flächenbasierten Solarenergiesystems[285]. Wälder waren dabei die mit Abstand langfristigsten Energiereserven von Agrargesellschaften.[286] Gleichzeitig bestanden für die Waldungen Mitteleuropas in der Frühen Neuzeit höchst unterschiedliche Nutzungs- und Bedarfskategorien. Die Waldnutzungen waren von starker räumlicher und zeitlicher Diversifikation geprägt, es bestanden je nach geografischer und zeitlicher Situierung höchst unterschiedliche Versorgungslagen in Bezug auf Wald und Holz.[287] Wie bereits in Kapitel 2.2.1.1 erwähnt, können diese Unterschiede in der Versorgung und Verfügbarkeit etwa daran festgemacht werden, mit welcher Entschlossenheit die Bekämpfung von Waldbränden nach deren Ausbruch erfolgte.

Mit Bezug auf die Ausführungen PFISTERS kann stellvertretend auf die Situation in der Alten Eidgenossenschaft verwiesen werden. PFISTER betont die Existenz unterschiedlicher Waldbilder zur Zeit des Ancien Régime im Kanton Bern und verweist zudem auf die unterschiedlichen „Rationalitäten derjenigen sozialen Gruppen, die Nutzungsansprüche an den Wald stellen“[288]. Die Nutzungsbezeichnung „multifunktionaler Wald des Ancien Régime“[289] bezeichnet dabei treffend die Umstände der vorindustriellen Waldnutzung. Denn verschiedene Interessensgruppen stellten Ansprüche an die Nutzung der Wälder. Auf der einen

---

[285] Vgl. Sieferle et al. 2006: 289, welche bemerken, dass im kontrollierten, flächenbasierten Solarenergiesystem alle energetischen Ressourcen von der Fläche stammen. Neben der landwirtschaftlichen Produktion von Biomasse bezieht sich diese Definition auch auf die Holznutzung in Wäldern.

[286] Vgl. ebd.: 32, 133: Die Rolle des Waldes beschreiben Sieferle et al. diesbezüglich auch als ‚Energiepuffer‘.

[287] Vgl. Küster ^{2}2008: 141-142.

[288] Pfister 1995: 312.

[289] Ebd.: 313.

Seite standen die bäuerlichen Waldnebennutzungen[290] der Landwirtschaft, welche bis ins 19. Jahrhundert das Fundament der mitteleuropäischen Wirtschaftsordnung bildete.[291] Auf der anderen Seite standen die Waldgewerbe, ein dynamischer Wirtschaftszweig mit oftmals sehr hohem Mobilitätsgrad.[292] Die im städtischen Umfeld sich herausbildende, wirtschaftlich und im Laufe der Zeit zunehmend wissenschaftlich orientierte Forstadministration bildete eine dritte Partei. Sie begann angesichts der zunehmenden Holzknappheit bereits ab dem 16. und 17., insbesondere aber ab dem 18. Jahrhundert, die Nutzungshoheit in den Wäldern durchzusetzen.[293]

Aus der Makroperspektive betrachtet, kann in Bezug auf die Waldnutzung in vorindustrieller Zeit zusammenfassend von einer „Gleichzeitigkeit des Ungleichzeitigen“[294] nach Ernst BLOCH gesprochen werden, die zwischen den städtischen und den ländlich-peripheren Waldungen bestand.[295] Aufgrund des im Vergleich zu anderen Gütern eher ungünstigen Verhältnisses von Masse, Volumen und Preis bildete die entscheidende Limitierung beim Nutzholz der Transportweg.[296] Gleichzeitig bestanden in der Frühen Neuzeit regionale Brennpunkte, welche in besonderer Weise auf die stete Deckung ihres hohen Holzverbrauchs angewiesen waren, allerdings höchst unterschiedliche Methoden der Waldnutzung aufwiesen. Waldbrände waren an solchen Orten besonders gefürchtet, denn „das Feuer ruinirt einen Forst, wenn es denselben ergreifet, geschwinder als alles andere [...]“[297], wie Wilhelm Gottfried von MOSER 1757 mahnt.

---

[290] Die heutige Forschung ist zwar über die Definition des Begriffs Waldnebennutzung uneins, vielfach sind aber landwirtschaftliche, teilweise auch gewerbliche Waldnutzungen gemeint. Die Waldweide, der Eintrieb von Ziegen in den Wald, die Gewinnung von Einstreumaterial oder die Ergänzung der Nahrungsmittelgrundlage bilden nur einige dieser Nutzungsarten. Vgl. Bürgi 1998: 149-167.

[291] Vgl. Gömmel 1998: 21-23.

[292] Vgl. Hasel, Schwartz ^{3}2006: 213-214.

[293] Vgl. Radkau 2012: 173-176; Schuler et al. 2000: 71; Pfister 1995: 312 sowie unten Kapitel 3.2.1.

[294] Vgl. Bloch 1962: 106-111.

[295] Vgl. Hasel, Schwartz ^{3}2006: 136.

[296] Vgl. Küster ^{2}2008: 108.

[297] Moser 1757: 559.

3.1.2 Stadtwaldungen

Zur Aufrechterhaltung der städtischen Wirtschaft waren spezifische Standortfaktoren vonnöten. Neben der Verfügbarkeit von Nutz- und Trinkwasser[298] bildete auch die Holzversorgung im „hölzernen Zeitalter"[299] stets ein grundlegendes Problem. Die Anbindung an Fliessgewässer erlaubte den Städten, den limitierten Einzugsbereich, welcher durch die hohen Transportkosten von Holz über Land bedingt war, zu vergrössern. Dies geschah seit frühester Zeit durch die Flösserei, welche besonders ab dem 16. Jahrhundert einen rasanten Aufschwung erfuhr.[300] Allerdings bestand in den Städten Holzbedarf für unterschiedliche Verwendungszwecke. Während das Bauwesen und die Holz verarbeitenden Gewerbe auf qualitativ höherwertiges Nutzholz zurückgriffen,[301] betont RADKAU, dass Brennholz bis zum 19. Jahrhundert den grössten Anteil des Holzverbrauchs ausmachte. Da das Brennholz einen geringeren Ertrag als das qualitativ hochwertige Nutzholz abwarf, mussten auch die Wälder in der Umgebung der Städte in die Holzversorgung integriert werden.[302] In den Stadtwäldern entstanden die ersten Ansätze systematischer und kontrollierter Waldbewirtschaftung, oftmals verbunden mit der Nutzung von Niederwäldern[303] oder Mittelwäldern[304]. In diesen Waldungen wurden auch erste Schutzbestimmungen gegen Übernutzungen und Holzfrevel erlassen, um eine langfristige Holzversorgung sicherzustellen.[305]

---

[298] Vgl. Isenmann 1988: 342-343.

[299] Ursprünglich von Werner Sombart aufgeworfen, wurde der Begriff ‚hölzernes Zeitalter' in der modernen Umweltgeschichte massgeblich durch Joachim Radkau geprägt. Vgl. Sombart 1928: 1138; Radkau 2012: 21.

[300] Vgl. Radkau 2012: 108.

[301] Vgl. Küster ^{2}2008: 133-137.

[302] Vgl. Radkau 2012: 88.

[303] Ebd.: 47: „Bäume wurden oft schon in einem Alter von weniger als zehn Jahren geschlagen. Es war ein Brennholz-, kein Nutzholzwald."

[304] Pfister 1995: 315: „Kombination von Hoch- und Niederwald […]. Man nutzte den Stockausschlag der Hainbuchen regelmässig zur Gewinnung von Futterlaub und als Brennholz […]. Gleichzeitig liess man einzelne Buchen und Eichen stehen, die zuerst als Samenbäume, danach als Bauholz dienten."

[305] Vgl. Küster ^{2}2008: 139.

RADKAU nennt als besonders renommiertes Beispiel einer „vorausschauenden städtischen Forstpolitik“[306] die Bewirtschaftung des Sihlwaldes durch die Stadt Zürich. Zürich kam bereits im Jahre 1309 in den Besitz eines Teils dieser Waldung und konnte bis ins 15. Jahrhundert das alleinige Nutzungsrecht erlangen. In der Folgezeit wurde die Waldung gezielt bewirtschaftet und die Nutzung strikt organisiert.[307] Neben der Tatsache, dass die Stadt Zürich im Spätmittelalter regen Holzhandel betrieb, gab es auch genaue Regelungen, wer wann wieviel Holz beziehen durfte. Die Holzentnahme geschah ab dem Jahr 1422 zudem ausschliesslich durch eigens von der Stadt vereidigte Gewährsleute, das Betreten des Waldes für andere Personen war damit verboten.[308] Margrit IRNIGER erwähnt dazu, dass Massnahmen wie diese dem lange gehegten Wunsch der Stadtobrigkeit entsprachen, die sogenannten Waldnebennutzungen von der Sihlwaldung fernzuhalten.[309] Den Ausschlag zu diesem Ansinnen bildete unter anderem die Gefahr von Waldbränden, wie der Fall einer gerichtlichen Untersuchung durch den Rat von Zürich in den Jahren 1380 und 1381 zeigt: „Man sol nachgan und richten, als etlich in dem Silwald kolot hant und er aber angieng und bran.“[310] Im Jahre 1417 ist dann der Verkauf von Köhlerholz nebst Einschränkungen für weitere Waldgewerbe ganz verboten worden, seither gaben die Quellen keine Hinweise mehr über die Köhlerei im Sihlwald.[311]

Das Beispiel aus Zürich veranschaulicht, dass Erhaltungs- und Schutzmassnahmen für die Wälder des städtischen Umfelds tendenziell früher und entschlossener erfolgten als in peripheren Räumen, vielfach bereits im ausgehenden Mittelalter. Dies bedeutete einerseits die konsequente Verhütung und Bekämpfung von Waldbränden,[312] andererseits eine relative Quellenarmut in Bezug auf Waldbrand-Berichte.

---

[306] Radkau 1997: 51.
[307] Vgl. Weisz et al. 1983: 77-90.
[308] Vgl. Irniger 1991: 55.
[309] Vgl. ebd.
[310] Schnyder 1937: 182.
[311] Vgl. Irniger 1991: 55.
[312] Vgl. dazu Radkau 1997: 48-52, welcher an weiteren Beispielen die unbedingte Notwendigkeit der Einflussnahme der Städte in die Nutzung der umliegenden

Besonders im weiteren Verlauf der frühen Neuzeit stieg der Holzverbrauch der städtischen Räume weiter an, weshalb die Holzversorgung eine immer schwieriger zu bewältigende Herausforderung wurde. PFISTER erläutert dies für die Situation der Stadt Bern.[313] Der vor allem ab dem 18. Jahrhundert erfolgende Zugriff auf weiter entfernte Waldungen brachte die auf Nachhaltigkeit und Schutz bedachte, grossflächige Nutzholzerzeugung zunehmend in Konflikt mit den traditionellen bäuerlichen und gewerblichen Waldnebennutzungen, wie im Kapitel 3.2 genauer ausgeführt wird.[314]

3.1.3 Montan- und Salinenwesen

3.1.3.1 Das Montan- und Salinenwesen und dessen Auswirkungen auf die Waldwirtschaft

Die massive Verbreitung des Salinen-, und vor allem des Montanwesens[315] ab dem 16. Jahrhundert stand eng mit der wirtschaftlichen Entwicklung Kontinentaleuropas in Verbindung, denn in den absolutistischen Staaten Europas wurde diese stark von den Theorien des Merkantilismus geprägt. Unterschiedliche geografische, wirtschaftliche und politische Ausgangslagen bewirkten zwar differenzierte Spielarten dieser Theorien, als gemeinsamer Nenner gilt jedoch, dass die merkantilistischen Theorien stets auf eine aktive Handelsbilanz bedacht waren.[316] Diese Maxime sollte durch eine Erhöhung der Beschäftigungsquote in der Wirtschaft und der Erlangung von Ressourcen erreicht werden. Aus diesem Grund stieg der Abbau von Metall-

---

Wälder festmacht. Nur so war es den Städten möglich, den eigenen, hohen Holzverbrauch überhaupt ansatzweise decken zu können.

313 Vgl. Pfister 1995: 313-315.

314 Vgl. Radkau 2012: 104. Derselbe macht allerdings darauf aufmerksam, dass sich die Waldpolitik der Städte von der Forstpolitik der Landesherren unterschied. Erstere war nämlich auf die Versorgung der Stadtbevölkerung anstatt auf die maximale wirtschaftliche Produktivität ausgerichtet.

315 Unter Montanwesen wird das Aufsuchen, Abbauen und Aufbereiten mineralischer Rohstoffe verstanden. Vgl. Bellwald 2013.

316 Zu den Theorien des Merkantilismus vgl. Walter [5]2011: 38-39 sowie unten Kapitel 3.2.1.

erzen[317] im 16. Jahrhundert stark an.[318] Die Salinen wiesen nach Joachim RADKAU einen etwas weniger stürmischen Wachstumsschub auf und strebten durch eine solidere Wirtschaftsgesinnung auch in Bezug auf die langfristige Sicherstellung des Betriebs bereits früh eine nachhaltige Holznutzung an. Weil die Kontrolle des Salzhandels und die Besteuerung des Salzverbrauchs enorme Gewinnspannen erlaubten und letztlich auch mit einem erheblichen Machtzuwachs verbunden waren, gerieten die Salinenbetriebe ab dem Spätmittelalter ebenfalls in den Fokus der Fürsten und Adelshäuser.[319]

Das Montan- wie auch das Salinenwesen waren auf erhebliche Holzmengen und die Verfügbarkeit von Wasser angewiesen, denn im Laufe der Zeit konnten sich mit Kapital, Technik und Arbeitskräften umfangreich ausgestattete Grossbetriebe bilden.[320] Die Holzversorgung dieser zahlreichen, mit der Metallverarbeitung zusammenhängenden Gewerbezweige konnte langfristig nur mittels Erstellung einer adäquaten Forstorganisation und durch das Ausgreifen auf die Holzressourcen umliegender Waldbestände gesichert werden.[321]

3.1.3.2 Die Holzwirtschaft Tirols und der ‚Waldbrand-Krieg' im Unterengadin

Der Salzabbau im Halltal ist bereits seit dem frühen Mittelalter dokumentiert. Vor allem ab dem 13. Jahrhundert nahm der Salzabbau aufgrund der erhöhten Nachfrage massiv zu, die Gründung der Stadt Hall resultierte diesbezüglich aufgrund des Salinenbetriebs am Inn. In der Folge konnte sich die Stadt Hall zum Handels- und Verkehrsplatz weiterentwickeln und fungierte bald als Haupteinnahmequelle der Landesfürsten. Die wohl bedeutendste Errungenschaft stellte die Einrichtung der Tiroler Münzstätte im Jahre 1486 dar.[322] Doch auch der Holzbe-

---

[317] Beispielsweise Schwarz- (z.B. Eisen), Bunt- (z.B. Kupfer) und Edelmetallerze (z.B. Gold). Vgl. Bellwald 2013.
[318] Vgl. Mantel 1990: 222-223.
[319] Vgl. Radkau 2012: 94-97.
[320] So wurden beispielsweise beim Bergbau die Erze nicht nur aus dem Berg gewonnen, sondern oft auch vor Ort in gewerblichen Hüttenbetrieben geschmolzen und in Hammerwerken zu Halberzeugnissen weiterverarbeitet. Vgl. Mantel 1990: 218-219.
[321] Vgl. Radkau 2012: 98-101.
[322] Vgl. Hagen 2003: 17-29.

darf des Haller Salinenbetriebs war enorm. Um die grossen Holzmengen zusammenzubringen, mussten die Verantwortlichen der Haller Saline umsichtige und vorausschauende Beschaffungsstrategien entwickeln, um Reserven in den näheren und entlegeneren Waldbeständen sicherstellen zu können. Seit dem 15. Jahrhundert steuerten zu diesem Zweck vertraglich zugesicherte Bergwerk- und Salinenwälder im Engadin ihren Teil zur Versorgung der Saline bei. Die dort vorgenommenen, radikalen Abholzungen erfolgten nicht selten von der Talsohle bis hinauf an die Waldgrenze.[323] Besonders im 18. Jahrhundert, als sich im Tirol ein umfassender Holzmangel anbahnte, rückten zudem die hiebsreifen, ausgewachsenen Waldbestände der Engadiner Gemeinden als begehrtes Kaufobjekt in den Blick der Regierung in Innsbruck. Forstexperten machten im frühen 19. Jahrhundert auf die negativen Auswirkungen dieser massiven, meist an Berghängen erfolgten Abholzungen aufmerksam.[324] Die gespannte Situation um die ohnehin bereits schwierige Holzversorgung verschlimmerte sich massiv, wenn Brände in den Waldbeständen ausbrachen. Die Brisanz dieser Thematik verortet Walter GRABHERR im „[...] geradezu suchtartig in älterer Zeit überhandgenommenen Waldbrennen im Unterengadin [...]“[325]. So sei das landwirtschaftliche Waldbrennen[326] zur Erlangung von Weideflächen in vielen Gegenden der Alpen im 18. und frühen 19. Jahrhundert teilweise an der Grenze zur Pyromanie zu verorten.[327]

Abgesehen von der vorläufigen Feststellung, dass sich GRABHERR bei der Formulierung dieser Schlussfolgerungen ausschliesslich auf die Sichtweise in den Innsbrucker Aktenbeständen stützt, bestanden im 16. und 17. Jahrhundert dennoch schwere Konflikte zwischen der lokalen Engadiner Bevölkerung und der Haller Saline, welche die Ansässigen und deren Hang zum Waldbrennen verantwortlich für die Brände in den Waldungen machte.[328] Obwohl GRABHERR die in seinem Artikel zusammengestellten Waldbrandereignisse vom 16. bis

---

[323] Vgl. Grabherr 1949: 366; Steiger ^{4}2010: 65.
[324] Vgl. Grabherr 1947: 460-462.
[325] Grabherr 1949: 367.
[326] Zum Aspekt der traditionellen landwirtschaftlichen Feuerpraktiken siehe unten Kapitel 3.2.3.
[327] Vgl. Grabherr 1949: 367.
[328] Vgl. ebd.: 368.

zum 18. Jahrhundert in den Salinenwaldungen im Engadin mit dem Terminus „Waldbrandkrieg“[329] zusammenfasst, sei die Intention der ansässigen Bevölkerung nicht Brandstiftung, sondern vielmehr das wirtschaftliche Interesse nach der Gewinnung neuer Weideflächen gewesen.[330] Die traditionellen Brauchtümer in Bezug auf die Wald- und Viehwirtschaft kollidierten im Engadin offenbar mit einem auf Versorgungssicherheit abzielenden, gleichzeitig aber auch äusserst skrupellos agierenden Grossverbraucher. Dass der hohe Holzverbrauch von Montanindustrien für die umliegende Bevölkerung grosses Unglück bedeuten konnte, betont auch Joachim RADKAU.[331]

Welche Massnahmen wurden von Seiten der Haller Saline zur Vermeidung wirtschaftlichen Schadens und zur Sicherung der Holzversorgung in Bezug auf die Waldbrände getroffen? Walter GRABHERR verweist darauf, dass in den Wäldern des Oberinntals die Zahl der Brände ein ebenso grosses Problem darstellte wie im Engadin, in den dortigen Waldungen allerdings von forstlicher Seite her bereits früh auf die Wiederbewaldung der alten Brandflächen hingearbeitet wurde.[332] Aufgrund der herrschaftlichen Verhältnisse waren Massnahmen in den Waldbeständen des Unterengadins schwieriger. Es blieb der Haller Saline oftmals nur ein aufmerksames ‚Waldbrand-Monitoring‘ übrig, um während Phasen erhöhter Brandanfälligkeit schnell reagieren zu können. Gefährdet waren dabei einerseits die der Saline zugesicherten, intakten Wälder, gleichzeitig aber auch die bereits geschlagenen und gestapelten Holzbestände.[333] Die Quellen zeugen von eiligst veranlassten Abtransporten der Holzreserven und sogar von vorbeugenden Kahlhieben, da von Seiten der ansässigen Bevölkerung mit dem Anzünden der Waldungen gedroht wurde.[334] Zu Beginn des 17. Jahrhunderts zogen die Verantwortlichen der Haller Saline nach der

---

[329] Ebd.: 372.

[330] Vgl. ebd.

[331] Vgl. Radkau 2012: 97.

[332] Vgl. Grabherr 1949: 369.

[333] Die Vermutung liegt hier nahe, dass in frisch geschlagenen Waldbezirken das Waldbrennen zur Gewinnung von Weideflächen natürlich besonders verbreitet war.

[334] Dabei ereigneten sich allerdings auch Fälle, in denen die zur Fällung Beauftragten ‚Fuhrgedinger‘ absichtlich dergleichen Gerüchte in Umlauf setzten, um baldmöglichst Schläge in den angeblich gefährdeten Waldungen vornehmen zu können. Vgl. Grabherr 1949: 369, 371-372.

Verbrennung grosser Mengen aufgearbeiteter Hölzer infolge eines Waldbrandes sogar Sanktionen in Form der Verweigerung der Salzabgabe an die Engadiner Bevölkerung in Betracht.[335] Zusätzlich bestanden bei der Nutzung der Salinenwälder vertraglich festgelegte Schadloshaltungen. Wurden Waldbestände dennoch durch Feuer geschädigt oder zerstört, waren die Tiroler Behörden dazu angehalten, die Vorfälle sorgfältig zu untersuchen.[336] Da man sich, wie bereits erwähnt, im Tirol am Ende des 18. Jahrhunderts über grossen Holzmangel beklagte, rückten die drei grossen Waldbrände 1777, 1793 und 1804 in Salinenwäldern des Engadins zusätzlich ins Licht. Besonders der im Jahre 1804 erfolgte Brand in einem Waldbezirk zwischen den Ortschaften Remüs und Sent (siehe Anhang, Karte 4), der zu diesem Zeitpunkt durch eine Holzlieferungskompagnie[337] im Auftrag der Regierung in Innsbruck in der Abholzung begriffen war, zog eine umfangreiche Untersuchung durch die politische Verwaltung nach sich. Zwei Vieh hütende Kinder hatten dort im Bereich des bereits abgeholzten Waldes Feuer entfacht und daraufhin die Kontrolle darüber verloren. In den Holzlieferungskontrakten war bezüglich solcher Fälle festgehalten, dass sich die Regierung in Innsbruck vorbehielt, allfällige Schäden der Holzkompagnien, die an Holz und Infrastruktur ohne eigenes Verschulden entstanden, zu übernehmen.[338]

Die daraufhin erfolgte Untersuchung mündete schliesslich in einen fast mustergültigen Waldbrandbericht. Der zuständige Landrichter machte sich ein umfassendes Bild über verbrannte und vor dem Feuer verschonte Wald- und Schlagholzbestände und vernahm die zuständigen Holzknechte sowie den der Holzkompagnie vorstehenden Holzlieferanten.[339] Zudem entstand im Zuge der Untersuchung die laut GRABHERR „älteste bis jetzt bekannt gewordene, absichtliche zeichnerische Darstellung eines Waldbrandgebietes“[340] (siehe Anhang, Karte 5). Mit

---

[335] Vgl. ebd.: 368-369.
[336] Vgl. Grabherr 1947: 463.
[337] Radkau betont die Grösse und den Einfluss der Holzlieferungskompagnie Hirn. Vgl. Radkau 2012: 140.
[338] Vgl. Grabherr 1947: 465-467.
[339] Vgl. ebd.: 468-471.
[340] Ebd.: 468. An dieser Stelle muss darauf hingewiesen werden, dass im Bericht aus dem Jahre 1801 über den grossen Waldbrand im württembergischen Schwarzwald

dem Abschluss des Verfahrens war einerseits der Nachweis erbracht, dass die Holzkompagnie und deren Mitarbeiter keinerlei Schuld an dem erwähnten Waldbrand trugen, andererseits die noch verfügbaren Holzbestände erfasst. Die Begleichung des Schadens von fast 4000 Gulden[341] wurde schliesslich über die Brennholzverbraucher in Innsbruck abgegolten.[342]

3.1.4 Holzhandel

3.1.4.1 Die Flösserei und der Aufstieg des Holzhandels im 18. Jahrhundert

Um das Problem der Holzversorgung in Gebieten mit wenig verfügbaren oder stark unter Nutzungsdruck stehenden Waldbeständen zu vermindern, wurde seit der Antike Holz mittels Fliessgewässern transportiert. Der Transport über Wasser war deutlich billiger, schneller und weniger aufwendig als derjenige über Land, zudem wurde die Qualität des Holzes nach Joachim RADKAU sogar noch verbessert.[343]

Es bestanden unterschiedliche Formen des Holztransports über Wasser. Beim sogenannten Triften liess man zersägte Stämme oder Scheitholz lose durch kleinere Bachläufe schnellen, jedoch nur während niederschlagsreichen Monaten und auch nur über kurze Distanzen. Zur Vermeidung von Unfällen und Holzverlusten, ferner zum Einholen des Triftholzes mussten aufwendige und teure hölzerne oder aus Stein gebaute Anlagen unterhalten werden.[344] Das eigentliche Flössen wurde

---

(siehe Kapitel 3.1.4.2) ebenfalls die Anfertigung einer Karte vermerkt ist, diese aber im Rahmen der Quellenrecherche zu dieser Arbeit nicht eingesehen werden konnte.

[341] Vgl. für Verbreitung und Wertverhältnisse des Guldens Schmutz, Zäch 2007.

[342] Anweisung des Hofbauamts in Innsbruck an das Brennholz-Verschleißamt vom 27. Oktober 1804: „Ein unglücklicher Brand, der durch Unvorsichtigkeit zweier Kinder in einer für das Innsbrucker Publikum eingehandelten Waldung in Engedein ausgebrochen ist, hat nach einer von einer eigenen Kommission aufgenommenen Berechnung einen Schaden von beinahe 4000 fl verursacht, zu dessen Tilgung man sich in die unangenehme Lage versetzt sieht, auf jedes Klafter Brennholz [...] einen Aufschlag von 5 kr zu legen [...].“ Zitiert nach Grabherr 1947: 471.

[343] Vgl. Radkau 2012: 108.

[344] Vgl. Hasel, Schwartz [3]2006: 236-237; Radkau 2012: 113-114.

über weitere Distanzen praktiziert. Es waren vor allem die grossen Flüsse, über die das Holz von den waldreichen und weniger besiedelten Gebirgen in der Mitte Europas zu den waldarmen Rändern des Kontinents gelangte.[345] HASEL und SCHWARTZ erwähnen eine erste Blütezeit der Flösserei in den Süddeutschen Ländern, die bis zum Beginn des Dreissigjährigen Kriegs dauerte.[346] In der zweiten Hälfte des 18. Jahrhunderts erfuhr das Flösserwesen erneut einen erheblichen Aufschwung. Ausgangspunkt dieser Entwicklung bildete der stark expandierende weltweite Handel im Allgemeinen, welcher vor allem von England und der Niederlande ausging und seinerseits in Wechselwirkung mit dem Holzhandel stand. Die zunehmende Handelstätigkeit war von der Verfügbarkeit grosser Schiffsflotten abhängig, die bis zur zweiten Hälfte des 19. Jahrhunderts ausschliesslich aus Holz gebaut wurden. Die Schiffbauer mussten dabei nicht nur enorme Quantitäten an Bauholz beschaffen, auch die Qualität des Holzes und die Form der Stämme waren entscheidend für die weitere Fertigung.[347]

Die Niederlande konnten ihren gewaltigen Holzbedarf zu keiner Zeit selber decken und waren deshalb in starkem Masse von Nutzholzimporten abhängig. Die Holzlieferungen in die Niederlande gingen von den skandinavischen Ländern und Russland, zunehmend aber auch vom süddeutschen Schwarzwald aus.[348] Von dort wurden Nadelhölzer, aber auch das besonders wertvolle Eichenholz bis an die Mündung des Rheins geflösst.[349]

Die Flösserei war mit zahlreichen Schwierigkeiten behaftet. Die Wasserwege mussten mit hohem Einsatz von Geld und Ressourcen befahrbar gehalten werden, zudem machten etliche Städte entlang der Flüsse ihr Stapelrecht[350] geltend.[351] Doch auch nach einem erfolgreich durch-

---

[345] Vgl. Küster [2]2008: 144.

[346] Vgl. Hasel, Schwartz [3]2006: 238.

[347] Vgl. ebd.: 239; Radkau 2012: 69-75, 133.

[348] Vgl. Hasel, Schwartz [3]2006: 239.

[349] Dabei bestanden genaue Vorgaben über die Masse der Hölzer. Die unter dem Namen ‚Holländertannen‘ oder ‚Holländerstämme‘ gehandelten Nadelhölzer mussten beispielsweise mindestens 18,6 m Länge und einen Durchmesser von 15 cm am dünneren Ende des Rundholzes (‚Zopf‘) aufweisen. Vgl. Mantel 1990: 279.

[350] Durch das Stapelrecht musste ein Transitgut an bestimmten Orten eine gewisse Zeit zum Verkauf ausliegen. Vgl. Degen 2009.

geführten Transport konnte der Verkauf des Holzes Jahre dauern und setzte Verhandlungsgeschick und Erfahrung des Holzverkäufers voraus. Im Holzhandel konnten stattliche Gewinne erzielt, aber auch grosse Verluste eingefahren werden.[352] Aus all diesen Gründen blieb die Flösserei nicht mehr nur ein Nebengewerbe der Bauern, sondern wurde im 18. Jahrhundert von zahlreichen, finanziell und logistisch gut ausgestatteten Holzhandelskompagnien betrieben, die das Holzfällen, Flossbarmachen, Verflössen und den Holzverkaufs pachtweise übernahmen.[353]

3.1.4.2 Holzhandel im Schwarzwald und der Waldbrand von 1800

Anfang des 18. Jahrhunderts litten viele Regionen des süddeutschen Raums noch immer unter den Folgen des Dreissigjährigen Krieges.[354] Der Entschluss zur Veräusserung der umfangreichen Holzbestände zur Erlangung hoher Gewinne und die grosse Nachfrage nach Nutzholz aus dem Mündungsbereich des Rheins trafen zwar bereits früher aufeinander, ab dem 18. Jahrhundert wurde jedoch erstmals ein Direkthandel errichtet, der den ganzen Rhein hinunterführte.[355]

Die Folgen für die Waldbestände im Gebiet des Schwarzwaldes waren allerdings desaströs. Die mit der Entnahme beauftragten Holzhandelskompagnien nahmen zumeist ohne Rücksicht auf die langfristigen Folgen grossflächige Kahlschläge vor, es kam gebietsweise zu einem hemmungslosen Raubbau am Wald.[356] Mit der planmässigen Verdrängung der Buche zugunsten der Tanne und Fichte wurde parallel dazu in die natürliche Waldzusammensetzung eingegriffen.[357]

Welche Folgen zogen diese Massnahmen nach sich? Da auf den abgeholzten Flächen Schlagräumungen[358] und forstliche Massnahmen

---

[351] Vgl. Küster ^{2}2008: 146-148.
[352] Vgl. Radkau 2012: 137, 140.
[353] Vgl. Hasel, Schwartz ^{3}2006: 240.
[354] Vgl. ebd.: 239.
[355] Vgl. Radkau 2012: 135-136.
[356] Vgl. ebd.: 138.
[357] Vgl. Hasel, Schwartz ^{3}2006: 295.
[358] Unter dem Begriff Schlagräumung wird das Wegräumen (Schlagabraum) von Waldrestholz verstanden. Vgl. Forster et al. 1998: 1.

weitgehend ausblieben,[359] waren die Kahlflächen bald von Holzresten, wuchernden Gräsern und Kräutern durchzogen. Wies dieser Bodenüberzug nach anhaltender Trockenheit auch noch einen tiefen Feuchtigkeitsgehalt auf, war die Gefahr von Waldbränden enorm. Bereits 1782 brannten im württembergischen Schwarzwald nahe der Ortschaft Kniebis ehemalige Waldbestände im Umfang von etwa 1000 Morgen[360] ab,[361] im Jahre 1800 entzündete sich der Wald erneut. Christoph Wilhelm Jakob GATTERER[362] schildert die Umstände des Brandausbruches 1801 wie folgt:

> „Schon seit mehrern Wochen hatte eine ausserordentliche Sommerhitze so ununterbrochen angehalten, dass man in mehr als einer Gegend von Deutschland wegen der Waldungen besorgt zu werden anfieng, und wer die Murg-Waldungen kannte, hatte vielfache Ursachen, ihretwegen doppelt besorgt zu sein."[363]

Die Erklärung für die speziellen Umstände der Murg-Waldungen erwähnt er kurz darauf:

> „Man ist seit langer Zeit, sey es aus Mangel nöthiger Forstpolizey, oder aus unzeitiger Sparsamkeit, nie gehörig darauf bedacht gewesen, nach dem Abtrieb und der Räumung der Schläge auch die Stöcke, Gräte, Stumpen und das dürre bodenliegende Holz und Reisach hinwegzuschaffen. Das Feuer fand also überall Nahrung, wo es hinkam, und fand überall neue Nahrung, wohin es von seiner ersten Stelle durch den Wind weiter getrieben wurde."[364]

Was folgte, war ein Waldbrand riesigen Ausmasses, die Brandfläche umfasste laut GATTERER schliesslich über 7000 Morgen.[365] Die Gewalt des Feuers wurde als so gross beschrieben, „[...] dass sogar im Wasser

---

[359] Vgl. Radkau 2012: 138.
[360] Ein Morgen (Mg) war ein bis etwa 1900 in Deutschland verwendetes Flächenmaß von 2500 bis 3500 Quadratmetern. Vgl. Stieger 2014.
[361] Vgl. Gatterer 1801: 211.
[362] Christoph Wilhelm Gatterer (1759-1838), deutscher Hochschullehrer und Forstwissenschaftler. Vgl. Hess 1878.
[363] Vgl. Gatterer 1801: 212.
[364] Ebd.
[365] Legt man für die Flächeneinheit Morgen einen Wert von 3000 m^2 fest, ergibt sich eine Brandfläche von umgerechnet 21 km^2! Vgl. ebd.: 211.

Flösse und Wassergebäude brannten. Mehrere Häuser und Holzhauerhütten, welche an den Bergen angebauet waren, brannten ebenfalls ab“[366]. Die unberechenbare Gefahr des Flugfeuers, das wegen der Unmengen an trockenen Brennstoffen das Feuer schnell auf angrenzende Waldungen übertrug, soll die Löschkräfte derart in Angst versetzt haben, dass zu Beginn des Brandes eine wirksame Bekämpfung weitgehend ausblieb.[367] Erst mit dem Einsatz von mehreren Tausend Löschkräften, die von französischen Truppen[368] und schliesslich indirekt von einsetzendem Regen unterstützt wurden, gelang gegen Ende August 1800 die Eindämmung und schliesslich die Löschung der zahlreichen Brandherde. GATTERER beziffert die Schadenssumme auf eine Million Gulden.[369]

Anhand des detaillierten Überblicks über Alter und Zustand der verbrannten Bestände kann das Bild der Waldungen des Schwarzwaldes erahnt werden. Obgleich eine riesige Fläche vom Feuer heimgesucht wurde, waren kaum ältere und dichte Waldbestände betroffen.[370] Die wirtschaftliche Tragweite des Grossbrandes verortet der Autor eher in Bezug auf die zukünftige Holznutzung:

> „Die Wald-Eigenthümer sind dadurch in der Benutzung ihres Bodens um wenigstens 15 bis 20 Jahre zurückgesetzt worden. Die künstliche Wieder-Ansaat der abgebrannten Oerter, welche in dem gegenwärtigen Fall nothwendig eintreten muss, macht einen sehr beträchtlichen Aufwand an Kosten, der gegenwärtig doppelt fühlbar wird, als die Ansaat ohne Zeitverlust wegen Verrasung des Bodens vorgenommen und um des grossen Bedürfnisses an Saamen willen solcher höher bezahlt werden muss.“[371]

Auch HASEL und SCHWARTZ bemerken, dass der Waldbrand von 1800 auf das Waldbild des württembergischen Schwarzwaldes im 19. Jahr-

---

[366] Ebd.: 225.
[367] Vgl. ebd.: 213.
[368] Im Frühsommer des Jahres 1800 war Württemberg von französischen Truppen besetzt worden. Vgl. Griesshaber 2013.
[369] Vgl. Gatterer 1801: 213, 226.
[370] Bedeutender dürfte diesbezüglich eher das bereits aufgearbeitete, im Wald lagernde Stapelholz gewesen sein. Vgl. ebd.: 220.
[371] Ebd.

hundert einen entscheidenden Einfluss hatte.[372] Den Grund für die gewaltige Ausbreitung des Brandes und die entsprechenden Vorkehrungsmassnahmen wurden unterschiedlich beurteilt. GATTERER macht sich in seiner Schrift neben der Forderung nach konsequenter Durchführung von Aufräumarbeiten nach Holzschlägen für die Anlegung von Feuerbahnen (‚Richtstätten‘) stark, welche Übergriffe von Bränden zwischen einzelnen Waldbezirken verhindern sollen.[373] In einer vom württembergischen Herzog Friedrich II. veröffentlichten Verfügung vom 3. Dezember 1800 wird hingegen das Fehlen von Löschkräften bemängelt.[374]

Längerfristige Folge des riesigen Brandes war der Entwurf und schliesslich die Erneuerung einer Waldfeuerordnung im Jahr 1807 innerhalb der württembergischen Forstgesetzgebung. Bezeichnenderweise fiel der Umfang derjenigen beträchtlich aus. Inhaltlich wurde nicht nur die Anlegung von Feuerbahnen bei der Ansaat neuer Waldflächen vorgeschrieben, sondern auch die Entfernung von Streu und Schlagresten und das strenge Verbot des Feuerns im Wald ohne besondere Erlaubnis geregelt. Ausserordentlich detaillierte Vorschriften waren für die im Wald tätigen und Feuer unterhaltenden Gewerbe im Wald und die Forstbeamten festgehalten.[375] In welchem Masse die Forstordnungen tatsächlich zur Anwendung kamen, ist nur schwer einzuschätzen. Auch die Ursache des Problems, die durch die Holzhandelskompagnien[376] verursachte Übernutzung der Wälder, fand in den Berichten und Gesetzestexten kaum Erwähnung. Die Gründe für das Ende der Exporthiebe und den allmählichen Wiederaufbau der

---

[372] Hasel, Schwartz [3]2006: 239: „1817 lag ein Drittel der Staatsforsten im württembergischen Schwarzwald und eine ebenso grosse Fläche des Murgschifferwaldes kahl.“

[373] Vgl. Gatterer 1801: 221.

[374] Vorsichtsanstalten gegen Waldbrände 1801: 222: „Wir haben bey dem in dem Monat Aug. a. c. entstandenen beträchtlichen Waldbrand in dem Freudenstätter Oberforst wahrzunehmen gehabt, dass es bey Entstehung desselben an der hinreichenden Mannschaft zum Löschen des Feuers gefehlt habe.“

[375] Vgl. Schmidlin 1823: 44-66.

[376] Vgl.: Mantel 1990: 285-286. Gatterer 1801: 214 erwähnt als leidtragender Akteur des Waldbrandes von 1800 unter anderem die Calwer Holzhandelskompagnie, laut Mantel die grösste Holzhandelsgesellschaft im Schwarzwald. Sie beherrschte von der zweiten Hälfte des 18. bis ins 19. Jahrhundert hinein den Holländerholzexport.

verwüsteten Wälder im Gebiet des Schwarzwaldes im 19. Jahrhundert sieht MANTEL in der Umstellung des Holzbedarfs und der Einführung neuer Verkehrstechnik, zudem im Aufstieg einer auf Nachhaltigkeit bedachten Forstwirtschaft.[377]

3.2 Waldbrände im Spannungsfeld von Herrschaftsinteressen, traditioneller Landwirtschaft und Waldgewerbe

3.2.1 Aufschwung der Forstwirtschaft und traditionelle Waldnutzungen

Im Rahmen des Kapitels 3.1.1 wurde bereits auf die zentrale Funktion des Holzes als Schlüsselressource der vorindustriellen Lebenswelt hingewiesen. Bestanden überschneidende Nutzungsinteressen an Waldungen, entbrannten nicht selten handfeste Konflikte zwischen den verschiedenen partizipierenden Akteuren.[378] Ein Konglomerat von Faktoren, zumeist ökonomischer Natur, führte insbesondere ab dem 18. Jahrhundert zu wachsendem Interesse der Obrigkeit an der intensiveren Bewirtschaftung von Wäldern.

Denn die Durchsetzung merkantilistischer Wirtschaftstheorien liess auch die Wälder zunehmend in den Fokus der Landesherrschaft treten. Zwar stellten Gewerbe und Handel die prioritären Güter der auf aktive Handelsbilanz bedachten merkantilistischen Ökonomie dar, die zentrale Bedeutung der Ressource Wald als Bau-, Brenn- und Werkholz war aber auch den zeitgenössischen Ökonomen bewusst.[379] Der vor allem im deutschen Raum verbreitete Kameralismus war neben der Förderung von Handel und Gewerbe zudem an einer ertragsreichen Landwirtschaft und der Wohlfahrt des Landesherrn interessiert.[380] Den merkantilistischen Theorien gegenüber stand das Konzept des Physiokratismus, das in der zweiten Hälfte des 18. Jahrhunderts Verbreitung fand und vor allem mit den zu dieser Zeit auftretenden Ökonomischen

---

[377] Vgl. Mantel 1990: 286.

[378] Vgl. Below 1998: 1, welcher auf den prominenten Platz der Klagen über die Einschränkung bäuerlicher Waldnutzungsrechte in den Beschwerdeschriften des deutschen Bauernkriegs von 1525 hinweist.

[379] Vgl. Weinberger 2001: 76.

[380] Vgl. Walter ^{5}2011: 38.

Gesellschaften in Verbindung zu bringen ist.[381] Ausgehend vom desolaten Zustand der französischen Wirtschaft im 18. Jahrhundert entwickelte François QUESNAY[382] seine Theorie des Physiokratismus. Das zentrale Postulat der alleinigen Produktivität des Bodens, das die notwendige Förderung der Landwirtschaft mit einschloss, wurde von weiteren, zumeist reformistisch geprägten Forderungen begleitet.[383]

Bezogen auf den Wald ergänzten sich die Wirtschaftstheorien des 18. Jahrhunderts, denn die von der physiokratischen Strömung geforderte Stärkung der Land- und Forstwirtschaft entsprach auch den Forderungen merkantilistischer und kameralistischer Theorien, welche dem Wald wie bereits erwähnt die Rolle als Energie- und Rohstofflieferant zuschrieben.[384] Eine Stärkung des Waldes im Sinne einer Steigerung des Nutzholzertrages konnte allerdings erst erfolgen, wenn mehrere Voraussetzungen erfüllt waren. Dazu war der Aufbau von Forstverwaltungen vonnöten, welche im 18. Jahrhundert im Allgemeinen noch sehr schwach vertreten und im gesamten deutschen Raum institutionell und personell eng mit dem Jagdwesen verflochten waren.[385] Die jagdlichen Interessen hatten vor den forstlichen immer Vorrang, da der Wald als Ort der Jagd auf symbolischer Ebene für die landesherrliche Obrigkeit lange Zeit ein Mittel der Herrschaftsdemonstration darstellte und Repräsentanz äusserte.[386]

Wie an den Beispielen aus Kapitel 3.1 ersichtlich, bestanden teilweise seit dem ausgehenden Mittelalter spezifische Wirtschaftsräume, in denen eine auf Nachhaltigkeit ausgelegte, Nutzholz produzierende Waldwirtschaft bereits stark ausgebildet und institutionalisiert worden war. Salinen und Bergwerke erzeugten beachtliche Gewinne, der

---

[381] Vgl. Stuber 2008: 70.

[382] François Quesnay (1694-1774), französischer Arzt und Ökonom. Vgl. Walter ^{5}2011: 50.

[383] So forderte Quesnay auch eine ausgewogene Getreidehandels- und Preispolitik, Steuerreformen mit dem Ziel der Bildung von Eigenkapital in der Landwirtschaft und Belastungen der Grundeigentümer mit Steuern. Vgl. Holub 2006: 10-21; Walter ^{5}2011: 50.

[384] Vgl. Weinberger 2001: 77.

[385] Vgl. Knoll 2004: 107.

[386] Bereits Albrecht von Haller bemängelte diese Praxis mit der Schilderung der Situation in der Umgebung von Tübingen, wo er von 1723 bis 1725 studierte. Vgl. Weinberger 2001: 81; Martini 1966: 321-322.

Holzhandel im Schwarzwald profitierte stark von einem bis ins 19. Jahrhundert stetig steigenden Holzpreis. Die Konzentration auf intensive, nachhaltige Nutzholzerzeugung war immer mit handfesten Ertragsinteressen verbunden.[387] Ob monetäre Interessen oder die Erweiterung von Machtansprüchen hinter dem Ausbau des herrschaftlichen Einflusses über den Wald standen, war für die Untertanen am Ende zweitrangig, denn ungeachtet dessen erfolgte stets die Verdrängung traditioneller Formen lokaler Waldnebennutzungen aus den Wäldern. Das Mittel dazu bildeten seit dem 16. Jahrhundert die landesherrlichen Forstordnungen,[388] welche die Träger der öffentlichen Gewalt erliessen, um die Erhaltung und Nutzung aller Waldungen ihres Gebietes zu regeln.[389]

Der Erlass von Forstordnungen wurde laut Stefan von BELOW von den Herrschaftsträgern praktisch ausnahmslos mit drohendem Holzmangel begründet.[390] Über den Aspekt dieser sogenannten ‚Holznot' entwickelte sich in der modernen umwelthistorischen Forschung ein reger Diskurs. 1986 wurde dieses bis dahin unwiderlegte Paradigma erstmals in einem Aufsatz des Umwelthistorikers Joachim RADKAU kritisch hinterfragt.[391] RADKAU streitet punktuelle Engpässe in der Holzversorgung keinesfalls ab, relativiert allerdings die Präsenz dieses Phänomens in manchen Regionen.[392] Die Gegenargumente zu RADKAUS Thesen wurden unter anderem von Rolf-Peter SIEFERLE geäussert, der das Phänomen ‚Holznot' durchaus als umfassende energetische Krise einschätzt und die Entschärfung vor allem mit der Entdeckung und Verbreitung der Steinkohle als alternativem Energieträger begründet.[393] RADKAU sieht die ‚Holznot'-Klagen und deren Legitimi-

---

[387] Vgl. Radkau 2012: 133, 144 sowie oben Kapitel 3.1.1.
[388] Vgl. Below 1998: 49-50; Radkau 2012: 100.
[389] Vgl. Hasel, Schwartz ^{3}2006: 135.
[390] Vgl. Below 1998: 50.
[391] Vgl. Radkau 1986: 1-37.
[392] Neben dem Hinweis, dass sich die europäische Gesellschaft bereits seit der Rodungsbewegung des Mittelalters im 13. Jahrhundert mit Knappheitszuständen in der Holzversorgung arrangieren musste, führt Radkau 2012: 150-162 an, dass aufgrund der limitierten Verkehrsinfrastruktur Holzmangel bis ins 19. Jahrhundert vor allem ein Problem grösserer Ballungs- und Wirtschaftszentren gewesen sein dürfte.
[393] Vgl. Sieferle 1982.

tätscharakter in Bezug auf den Erlass umfangreicher Forstordnungen auch als Teil eines Machtdiskurses, bei dem die Herrschaftsträger zunehmend die Kontrolle über den Wald erlangen und andere Nutzungsarten zu verdrängen suchten.[394] Peter BLICKLE hat diesen Vorgang im Zusammenhang mit der landwirtschaftlichen Waldnutzung in einer prägnanten Aussage zusammengefasst: „Die Herren wollten den Bauern aus dem Wald haben.“[395]

3.2.2 Waldbrandproblematik aus der Perspektive der sich heranbildenden Forstwirtschaft

Um sich ein Bild über die Wahrnehmung von Waldbränden in der Frühen Neuzeit machen zu können, bietet sich zu Beginn ein Blick in die Schrift des Theologen Christian LEHMANN an, in der eine Zusammenstellung von Waldbrandereignissen des 17. Jahrhunderts im Obererzgebirge vorgenommen wird:

> „Anno 1616, 1637, 1645 brannten im April und May die Churfürstlichen und Böhmischen Walde grausam und verdarben nur um Breitenbrunn auf 1200 Schrägen geschlagen Holz [...]. Dergleichen geschah auch Anno 1637 um Jochimsthal Pilsen und Eger. Item Anno 1645 auf dem Schwarzwald und verbrannten in der Pöhle und Sachsenfeld auf zweyer Hammerherren Wäldern 1400 Schrägen Holz am 23. und 24. April. Anno 1672 giengen etliche Kohlhaue bey grossem Wind hefftig an und verbrannten auf beyder Theilen gegen Wiesenthal und Gottesgab 780 Schragen eingeschlagen Holz. Dergleichen Brände haben sich seithero viel zugetragen [...].“[396]

Obwohl sich LEHMANN in anderen Textpassagen auch auf Aspekte der klimatischen Voraussetzung im Zusammenhang mit Waldbränden und über Details der Brandbekämpfung äussert,[397] ist die Fokussierung auf die wirtschaftlichen Schäden auffallend. Die ‚Grausamkeit‘ eines Brandes wurde anhand seiner ökonomischen Tragweite gemessen.

---

[394] Vgl. Radkau 2012: 166-169; Below 1998: 50-51.
[395] Blickle 1989: 38.
[396] Lehmann 1699: 161.
[397] Vgl. ebd.: 160-162.

Mit der Konzentration auf die Schädlichkeit von Waldbränden in ökonomischer Hinsicht stand die Schrift Lehmanns aber keinesfalls alleine da. Vor allem die mit wirtschaftlichen Hintergründen entstandenen forstlichen Werke des 18. Jahrhunderts gingen, wenn sie Passagen über die Waldbrandthematik enthielten, direkt und indirekt auf die negativen ökonomischen Folgen ein. Zu erwähnen wären etwa die auf blossen Vermutungen basierenden Annahmen von Hans Carl von CARLOWITZ, dass Brände eine generelle, vollständige Zerstörung der Bodenschicht nach sich zögen und eine Wiederansaat von Waldungen weitgehend verunmöglichen würden.[398]

Bis ins 19. Jahrhundert intensivierte sich die Furcht der Forstexperten und Landesherren vor grossen Bränden. Vielerorts waren Wälder nach forstwirtschaftlichen Prinzipien in reine Nutzholzflächen umgebaut worden und bestanden nun in manchen Gegenden aus grossen, zusammenhängenden Nadelholzbeständen.[399] Es ist nicht verwunderlich, wenn etwa der preussische Forstwissenschaftler Georg Ludwig HARTIG, welcher sich für 120 bis 180 Jahre umfassende Betriebspläne in gewissen Forsten stark machte,[400] den Satz äusserte: „Eins der schrecklichsten Uebel, womit die Waldungen, und besonders die Nadelholz-Wälder bedroht sind, ist das Feuer.“[401]

Was dieser Entwicklung folgte, war laut SCOTT ET AL. eine grundsätzliche Änderung in der Einstellung gegenüber dem Feuer im Zuge des 18. und 19. Jahrhunderts.[402] Die Umbrüche in der Wissenschaft durch die aufgeklärten Gelehrten, die Veränderung des „sozialmetabolischen Regimes“[403] und die Errungenschaften im Bereich der Maschinenindustrie im Verlaufe der industriellen Revolution sollen zu einer grundlegenden *pyric transition* beigetragen haben, welche laut SCOTT ET AL. in ihrer Gesamtheit zur Unterdrückung der traditionellen Feuerprakti-

---

398 Siehe oben Kapitel 2.1.3.2.
399 Vgl. Küster ^{2}2008: 188-190.
400 Vgl. Hasel, Schwartz ^{3}2006: 335.
401 Hartig 1826: 66.
402 Vgl. Scott et al. 2014: 231-232.
403 Sieferle 2003: 42: „Unter einem sozial-metabolischen Regime wird eine stabile Organisationsform des stofflichen und energetischen Austauschs von Gesellschaften mit ihrer natürlichen Umwelt verstanden, wobei also der Stoffwechsel (und nicht so sehr die soziale Organisationsform) im Vordergrund steht.“

ken führte und Waldbrände als unwirtschaftliches und gefährliches Übel verkommen liess.[404]

Während Waldbrände für jegliche Art von nachhaltiger Holzproduktion als in höchstem Masse schädlich und zerstörerisch wahrgenommen wurden, besassen die Verfechter dieser Wirtschaftsform, die Landesherrschaft und die meist mit ihr verbandelten Forstexperten, ebenfalls die Diskurshoheit[405] über die Waldbrandthematik. Diesem Aspekt soll in der weiteren Untersuchung dieser Thematik besondere Rechnung getragen werden.

3.2.3 Feuerpraktiken der traditionellen Landwirtschaft

Feuer bildete in vielen Gebieten Mitteleuropas bis ins 20. Jahrhundert hinein einen Teil der traditionellen bäuerlichen Wirtschaftsweise.[406] Fritz SCHNEITER macht darauf aufmerksam, dass die Brandwirtschaft neben dem Pflugfeldbau lange Zeit das verbreitetste Landbausystem darstellte, aufgrund seines schlechten Rufes allerdings von wissenschaftlicher Seite her in jüngster Zeit weitgehend vernachlässigt wurde.[407]

Dabei diente Feuer nicht nur zu Nutz- sondern auch zu Schutzzwecken, wie GRABHERR dies für die Situation im Engadin und im Tirol andeutet.[408] Trotz solcher regionalen Besonderheiten[409] in der Ver-

---

[404] Vgl. Scott et al. 2014: 236-238.

[405] Die Diskurs- oder Deutungshoheit ist als eine Kontrollform dabei stets mit einem Machtgewinn verbunden. Vgl. Blatter, Janning, Wagemann 2007: 47-48.

[406] Vgl. Stuber, Bürgi 2011: 52.

[407] Vgl. Schneiter 1970: 23. Auch Mantel 1990: 108 hält fest: „Umfang und Verbreitung dieser Nutzungsform [der Brandwirtschaft, Anm. SL] sind in der Agrar- und Forstgeschichte nicht genügend erkannt worden."

[408] Grabherr 1949: 366: „Als Besonderheit des Engadins in der Waldbrandfrage ist hervorzuheben, dass bis in die jüngste Vergangenheit noch Waldteile in Brand gesteckt wurden, um die Bären und anderes schädliches grosses Raubwild von den Herden fernzuhalten und zu vertreiben. Diese aus ältesten Zeiten überlieferten Waldbrunst-Schutzfeuer sind auch in Tirol nachweisbar."

[409] Grabherr 1947: 464 erwähnt noch weitere Beispiele für die Verwendung von Feuer im Engadin: „In einer gegen Nauders anliegenden Waldung der Gemeinde Schleins wollten zwei Engadiner einen Weg im Walde bahnen, jedoch hinderte sie daran ein grosser Stein inmitten des Weges. Sie machten rings um den Stein ein

wendung von Feuer wurde dieses andernorts primär zu direkten landwirtschaftlichen Zwecken eingesetzt. Einerseits zur Gewinnung von Weideflächen,[410] andererseits „als vorübergehende Inanspruchnahme von Waldflächen für Kornanbau [...]“[411]. Letzteres trat im Laufe der Geschichte in vielerlei Formen auf, wurde aber zumeist in ähnlichen Mustern praktiziert.[412] Als Beispiel einer „Wald-Feld-Wechselwirtschaft“[413] kann hier exemplarisch auf den Ablauf der sogenannten Emmentaler Reutholzwirtschaft verwiesen werden, welche laut Martin STUBER und Matthias BÜRGI für das Gebiet der heutigen Schweiz am besten dokumentiert ist. Der Zyklus begann demnach mit der Abholzung von 20- bis 30-jährigen Buchenwäldchen, von denen nur das grobe Holz abgeführt, das übriggebliebene Reisig jedoch kontrolliert abgebrannt wurde. Die dadurch entstandene Asche diente als Dünger für den Waldboden, auf dem der Anbau von Getreide oder Kartoffeln erfolgte. War der Nährstoffgehalt des Bodens erschöpft, eröffnete man mit der Abholzung eines anderen Waldabschnittes einen neuen Zyklus, die alte Wirtschaftsfläche wurde in der Folge wieder von Birken überwachsen.[414] Nicht selten führten die im Wald oder in dessen Nähe entfachten Feuer allerdings zu unkontrollierten Waldbränden. Solche Brände waren nicht nur die Folge von Brandwirtschaft, sondern konnten auch von Feuern ausgehen, welche im Zuge des Vieheintriebs in den Wald entzündet wurden. Zahlreiche Quellen berichten über ausser Kontrolle geratene Feuer junger Viehhirten,[415] etwa der spektakuläre Brand des ‚Grossen Mythen‘ im Kanton Schwyz im Jahre 1800:

> „Im Anfange des Augusts 1800 ereignete sich an der Südseite der grossen Mythe ein Brand. Ein junger Ziegenhirte hatte ein Feuer angezündet, das, weil der Boden durch die grosse Hitze jenes Sommers ganz ausgetrocknet war, schnell um sich griff und alles Holz in Flammen setzte. [...] Doch dauerte es beinahe

---

grosses Feuer auf, bis er ganz heiss war, und begossen ihn dann mit Wasser, damit er zersprang. Das Feuer aber war mittlerweile durch den Boden in das dürre Gras gedrungen und steckte den Wald in Brand.“

410 Vgl. Kasthofer 1822: 128-129.

411 Mantel 1990: 107.

412 Vgl. Schneiter 1970: 13.

413 Vgl. Stuber, Bürgi 2011: 50-52.

414 Vgl. ebd.: 52.

415 Vgl. auch Grabherr 1947: 467.

> vierzehn Tage, bis der Waldbrand ganz erstickt war, dessen Flammen einige Nächte weit in die nördliche Schweiz hinaus ein prächtiges Schauspiel gewährten.“[416]

Doch auch bei vermeintlich kontrolliertem Abbrennen von Reisig, Gras oder Sträuchern bestand bei Wind oder Trockenheit die Gefahr der raschen Ausweitung und des ungewollten Übergreifens von Feuer auf angrenzende Waldbestände, wie ein dokumentierter Fall aus Eptingen im heutigen Kanton Basellandschaft im Jahr 1840 zeigt:

> „Den 25. April Nachmittags 3 Uhr wollte Martin Müller zu [Glasseten], auf seinem Gemeindeland im Wilden Baumgarten genannt, altes Gras und Gesträuchen verbrennen, da es aber an einem steilen Berge war, so trieb der Wind das Feuer aufwerts in Gemeinde Wald, welches ohngefehr ¼ Juchart, meistens Gesträucher verbrannte. Es wurde sogleich Sturm geläutet, und die nöthige Hülfe geleistet. Martin Müller bezeugte sogleich sein Leid über seine gethane Unvorsichtigkeit.“[417]

Die Beurteilung von Feuer zu landwirtschaftlichen Zwecken hat sich in Forstordnungen und forstlichen Schriften im Laufe des 18. und 19. Jahrhunderts zunehmend geändert. Zwar hatten traditionelle landwirtschaftliche Feuerpraktiken an manchen Orten längeren Bestand, in Regionen und Orten mit hohem Holzbedarf wurden aber gegen Feuer im Wald strikte Gesetze erlassen, wie Julius Bernhard von ROHR 1732 betont:

> „Damit nun allem diesem Unheyl [den Feuers-Brünsten, Anm. SL], so viel als möglich, vorgebeugt werde, so wird in den Wald-Ordnungen gar wohlbedächtig unter Bedrohung der härtesten Straffen, auch wohl gar Leibes und Lebes-Straffe, verbothen, dass sich niemand, er sey wer er wolle, unterstehen soll, einiges Feuer weder im Walde, noch auf dem Felde zu machen.“[418]

Dass landwirtschaftliche Feuerpraktiken im 18. Jahrhundert offenbar noch erhebliche Verbreitung und Akzeptanz aufwiesen wird durch den Umstand ersichtlich, dass ROHR die Verwendung von Feuer zu land-

---

[416] Meyer 1835: 276.
[417] Unvorsichtige Feuerungen in Waldungen, 01.05.1840, StABL, VR 3220 B 08.04.
[418] Rohr 1732: 99.

wirtschaftlichen Zwecken von den oben angeführten, strengen Feuerungsverboten im Wald unter bestimmten Bedingungen ausklammert, wie er kurz darauf anfügt:

> „Solte aber ja jemand aus dringender Noth eine verwachsene Wiese anstecken, und das alte Grass ausbrennen, oder doch auf dem Felde, um das Land zu reinigen, Feuer anlegen müssen, so soll doch solches mit Vorbewust, Willen und Zulassung der Obrigkeit selbigen Ortes geschehen [...].“[419]

Die Betrachtung von ausgewählten Forstordnungen grösserer Städte der Alten Eidgenossenschaft bestätigt die von ROHR geschilderte strenge Handhabung in Bezug auf Feuer im Wald. So verbot die 1755 vom Bischof von Basel erlassene „Landesfürstliche Wald- und Forstpolicey Ordnung“[420] nicht nur das generelle Feuern im Wald, sondern zudem auch die mit der Brandwirtschaft verbundenen Feuerungen.[421] Die Bestimmungen der Basler Forstordnung von 1755 waren dahingehend von entscheidender Bedeutung, weil sie für viele in der zweiten Hälfte des 18. Jahrhunderts erlassenen Forstgesetzgebungen der Alten Eidgenossenschaft eine Vorbildfunktion innehatten, wie WEISZ bemerkt.[422] So verbot auch die Bernische Forstordnung von 1786 das Feuern im Wald „bei Leibstrafe“[423], während die landwirtschaftliche Brandwirtschaft mit obrigkeitlicher Bewilligung praktiziert werden durfte. Die Bestimmungen im Kanton Zürich, welche in einer Publikation vom 18. Juni 1808 festgehalten sind, gestatten das Feuern im Wald von Herbst bis Frühling, ermahnen aber stets zu strenger Aufsicht sämtlicher im Wald entfachten Feuerungen.[424]

Die strenge Handhabung in Bezug auf Feuer im Wald setzte sich auch im 19. Jahrhundert fort. Bei der Konsultation von forstlichen Quellen

---

[419] Ebd.

[420] Hochfürstlich-baslische Wald- und Forst-Policey Ordnung 1756: 38-39.

[421] Ebd.: 8: „Wir verbieten derohalben all unseren Unterthanen bey scharfen Strafen, einige Hölzer oder Wälder durch Schwenden, Ausstocken oder Ausreuten zu veröden und abzutreiben, sondern es soll ein jeder Wald-Grund in seiner urspringlichen Natur und Eigenschaft erhalten und in keine andere Gestalt verwandelt werden.“

[422] Vgl. Weisz 1935: 144.

[423] Forstordnung für der Stadt Bern deutsche Lande 1786: 22.

[424] Vgl. Publication vom 18ten Junii 1808, betreffend die Waldbrände und das Löschen derselben 1811: 56-59.

wird deutlich, dass die Erwähnung landwirtschaftlicher Feuerpraktiken stets einen festen Platz unter den genannten Entstehungsursachen von Waldbränden innehatte.[425] Stellvertretend für diese ‚Rhetorik des generellen Verdachts' kann beispielsweise die Schrift von HARTIG 1826 zitiert werden:

> „Aus Eigennutz aber entstehen Waldbrände, wenn die Hirten oder die Weideberechtigten Feuer anlegen, um dadurch die Weide zu verbessern, oder ihre Weideplätze zu vergrössern – oder vielleicht auch den Brandplatz nachher desto leichter käuflich zu acquiriren. Auch liegt einer solchen Brandstiftung zuweilen die Absicht zum Grunde, das in den Dickichten sich aufhaltende und den angrenzenden Feldern und Wiesen nachtheilige Wild dadurch zu vertreiben, oder sich dadurch von den noch lästigen Wölfen zu befreien, oder sich dadurch eine grössere Menge Raff- und Leseholz zu verschaffen, wenn der Waldeigenthümer nicht im Stande ist, das durch den Waldbrand trocken gewordene Stangenholz zu verkaufen."[426]

Der traditionell ländliche Gebrauch von Feuer kam ab dem 18. Jahrhundert zunehmend unter Druck.[427] Nur wenige Schriften, welche sich im 19. Jahrhundert den Themen Waldbrand oder Brandwirtschaft annahmen, schienen gegenüber der landwirtschaftlichen Feuernutzung überhaupt eine positive oder zumindest neutrale Haltung zu haben. Dies bemerkt 1853 auch Josef WESSELY:

> „Gleichwohl war das Branden und ist gewissermassen noch jetzt durch alte Regierungsverordnungen verbothen. Offenbar waren es die traurigen Erfahrungen über dessen Feuergefährlichkeit, welche die Staatsgewalt auf dieses Verboth leitete. Auffallender aber ist es, dass selbst einsichtige Forstmänner noch immer ihre Stimmen gegen die Brandung erheben [...]."[428]

Im Laufe des 19. Jahrhunderts setzte der allmähliche Niedergang der landwirtschaftlichen Feuerpraktiken ein, obwohl sie in peripheren La-

---

[425] Bode 1840: 289: „Die Ursache hiervon [der Waldbrände, Anm. SL] liegt theils in der Nichtachtung, welche der Bauer gegen den Wald hegt [...]."
[426] Hartig 1826: 71.
[427] Vgl. Mantel 1990: 109.
[428] Wessely 1853: 320.

gen bis ins 20. Jahrhundert überdauerten.[429] Der Anlass dieses Niedergangs dürfte verschiedenen Faktoren zugrunde liegen. Einerseits den Errungenschaften der im 18. und 19. Jahrhundert stattfindenden Agrarmodernisierung[430] und dem damit verbundenen Rückgang der Waldnebennutzungen, andererseits den ressourcenbasierten und forstwirtschaftlichen Veränderungen im Laufe der Industrialisierung[431]. Die durch die landwirtschaftlichen Feuerpraktiken verursachten Waldbrände bildeten einen Teil der Legitimationsgrundlage dieser letztgenannten Verdrängungstendenzen durch Forstwirtschaft und Herrschaftsträger.[432]

3.2.4 Gewerbe und Feuer im Wald zwischen Nutzen und Risiko

Neben den Waldnutzungen der traditionellen bäuerlichen Landwirtschaft waren spezialisierte Gewerbezweige oft die Vorreiter bei der Nutzungserschliessung grösserer, unwegsamer Waldgebiete.[433] Obwohl im Dienste oder im Besitz von Landesherren stehende Grossbetriebe wie Salinen oder Bergwerke von der Fachliteratur zuweilen ebenfalls zu den Waldgewerben gezählt werden,[434] fokussiert sich dieses Kapitel vor allem auf kleinräumig operierende Exponenten dieser Gewerbe. Gemeinsam war vielen der vorindustriellen Waldgewerbe, dass sie Holz im Wald verbrannten und höherwertige, leicht zu befördernde Erzeugnisse produzierten.[435] Diese dienten bis ins 19. Jahrhundert wiederum vielen Handwerkszweigen als Grundstoffe bei der Er-

---

[429] Vgl. Schneiter 1970: 159-161.

[430] Vgl. Radkau 2012: 145-149. Die Folgen der Agrarrevolution auf die Waldwirtschaft beschreibt Radkau 2012: 146 wie folgt: „Der Anbau von hochwertigen Futterpflanzen ermöglichte in der Viehwirtschaft die Stallfütterung [...] zur Mast und Weide wurde der Wald jetzt nicht mehr gebraucht; er konnte zum reinen Holzlieferanten werden."

[431] Siehe unten Kapitel 3.3.1 für eine Übersicht der mit der Industrialisierung in Zusammenhang stehenden Aspekte.

[432] Nach Radkau 2012: 175 stellte der grossflächige Waldumbau mit Nadelholzbeständen in diesem Sinn ebenfalls eine Massnahme dar, die Bauern aus den Wäldern auszuschliessen: „Schweinemast und Laubnutzung entfielen im Nadelwald, und auch die Bedingungen für die Viehweide verschlechterten sich."

[433] Vgl. Hasel, Schwartz ^{3}2006: 213-214; Radkau 2012: 115.

[434] Vgl. Küster ^{2}2008: 155-158.

[435] Vgl. Hasel, Schwartz ^{3}2006: 214.

zeugung ihrer Produkte.[436] Die Fertigung dieser Erzeugnisse erfolgte zumeist durch spezialisierte Gewerbetreibende, wobei sich gelegentlich auch die ländlich-bäuerliche Bevölkerung zum Zwecke des Nebenerwerbs den Tätigkeiten der Waldgewerbe annahm.[437]

Von dem mit Feuer hantierendem Gewerbe nahm die Köhlerei[438] eine Schlüsselposition ein. Vor allem die Verbreitung der Montanindustrie ab dem 16. Jahrhundert sorgte bis zum 19. Jahrhundert für eine ungeheure Nachfrage nach Holzkohle.[439] Als weitere Gewerbezweige, in denen Erzeugnisse mittels Verbrennungsvorgängen hergestellt wurde, sind etwa die Pottascheherstellung[440] und die Glasmacherei[441] zu nennen.

Von den in Kapitel 3.2.3 beschriebenen Verdrängungstendenzen der traditionellen Waldnebennutzungsarten durch die Herrschaftsträger waren prinzipiell auch die Gewerbe im Wald betroffen. Denn die Fertigung der mannigfaltigen Erzeugnisse verschlang teilweise Unmengen an Holz. Joachim RADKAU bezeichnet etwa die Pottascheherstellung als das „äusserste der Holzvergeudung“[442]. Das Verhältnis der Obrigkeiten gegenüber den Waldgewerben dürfte allerdings zwiespältig gewesen sein. Denn die Erzeugnisse der Waldgewerbe standen ebenfalls für die Sicherstellung der Hüttenwerke, Salinen und Bergwerke und bedeuteten somit stetige Einkünfte aus den landesherr-

---

[436] Vgl. Weinberger 2001: 85.
[437] Vgl. Radkau 2012: 120, 122.
[438] Weinberger 2001: 35: „Unter Köhlerei ist die Verarbeitung von Holz zu Kohle zu verstehen. Die Verkohlung fand gewöhnlich im Wald selber statt. Kohlen waren von entscheidender Bedeutung für alle Gewerbe, die grosse Energiemengen benötigten, vor allem im Bergbau- und Hüttenwesen. Die Köhlerei wurde vielfach in abgelegenen Waldungen, in denen zum Holztransport geeignete Wasserwege fehlten, ausgeübt, da Kohle auf dem Landweg leichter zu transportieren war als Holz.“
[439] Vgl. Küster ^{2}2008: 158.
[440] Weinberger 2001: 35: „Pottasche ist ein Produkt aus Holzasche. Diese wurde mit Wasser versetzt, die Lauge erhitzt und verdampft. Der Rückstand dieses Verdampfungsprozesses, unreines Kali, wurde gereinigt und als Pottasche weiterverwertet. Es fand Verwendung als Flussmittel in der Glasherstellung, wurde in der Färberei und Seifensiederei, in der Medizin und im Haushalt benötigt, zum Leinwandbleichen und zur Verbesserung von Schiesspulver benutzt.“
[441] Die Glasherstellung erfolgte aufgrund des enormen Holzverbrauchs oftmals direkt in den Wäldern. Vgl. Hasel, Schwartz ^{3}2006: 220-222.
[442] Radkau 2012: 117.

schaftlichen Regalien[443]. Gleichzeitig waren die Gewerbe im Wald aber an einen so hohen Holzverbrauch gekoppelt, dass an solchen Orten an einen Aufbau nutzholzproduzierender Hochwälder[444] nicht zu denken war.[445] Zusätzlich war die Anwendung von Feuer im Wald stets mit der Gefahr des Ausbruchs von Waldbränden verbunden. Bezüglich des Köhlerhandwerks wäre hierzu etwa die anspruchsvolle Konstruktion der Kohlenmeiler zu nennen,[446] welche bei unsauberer Bauweise in Flammen aufgehen oder durch die Ansammlung von Wasserdampf gar explodieren konnten.[447]

Konkrete Waldbrandberichte, in denen Gewerbetreibende im Wald als Urheber identifiziert werden, finden sich höchst selten. Auch die für die Zeit des 18. und 19. Jahrhunderts erfolgte Quellenrecherche im Rahmen dieser Arbeit blieb in Bezug auf diesen Befund erfolglos.[448] Oft erwähnt werden die Waldgewerbe jedoch in den Passagen von Forstordnungen und forstlichen Schriften, die sich auf Waldbrände beziehen. So enthält etwa die ‚Wald- und Forstpolicey Ordnung' aus dem Fürstbistum Basel das Verbot des Köhlerns im Wald: „Eben auch wegen der Feursgefahr sollen alle Kohlbrenner, sie mögen für unsre Eisen-, Schmelz- und Hüttenwerker oder für andre arbeiten, ihre Kohlgruben und Brennstätte bey 10 Pfund Straf [...] ausser dem Wald

[443] Regalien bezeichneten bis ins 19. Jahrhundert alle Hoheitsrechte, Besitzungen und Güter eines Herrschaftsträgers. Vgl. Tremp 2011.

[444] Der Hochwald stellt ein aus angesäten oder gepflanzten Bäumen bestehender Nutzwaldbestand dar. Oftmals wurde deshalb auch obrigkeitlicher Wald als Hochwald bezeichnet. Vgl. Bürgi 1998: 91.

[445] Vgl. Radkau 2012: 117; Hasel, Schwartz ^{3}2006: 222, welche den ungeheuren Holzverbrauch von Glashütten den Kahlschlägen durch die Holländerholzexporte gleichsetzen.

[446] Vgl. Weinberger 2001: 130-135.

[447] Vgl. Radkau 2012: 124.

[448] Einige Berichte vor dem 18. Jahrhundert bezeugen die Verursachung von Waldbränden durch Angehörige von Waldgewerben. Vgl. Schnyder 1937: 182. Hartig 1820: 1 weist in Bezug auf seine Erfahrungen in Hessen und Württemberg auf folgenden Umstand hin: „Fast jedes Mal war das Platzen eines Kohlenmeilers, bei welchem die gehörige Aufsicht mangelte, oder die verlassenen Feuer unachtsamer Hirten die Veranlassung zu einem Waldbrande."

anlegen.“[449] Auch die Bernische Forstordnung von 1786 verbot das Köhlern im oder am Wald.[450]

Neben der Köhlerei waren aber auch andere Waldgewerbe von Einschränkungen und Vorschriften betroffen, insbesondere diejenigen, welche zur Ausübung ihres Handwerks Feuer verwendeten.[451]

Das Bestreben nach stärkerer Kontrolle oder dem Verbot von Feuerungen im Wald setzte sich wie bereits erwähnt auch im 19. Jahrhundert fort.[452] Die Ambivalenz der Landesherrschaft gegenüber dem Waldgewerbe ist daran erkennbar, dass mancherorts neben akribischen Vorschriften zugleich Qualitätsansprüche an die Erzeugnisse gestellt wurden.[453] Ausserdem beschäftigten sich die Natur- und Forstwissenschaften in Form regelrechter Studien mit technischen Aspekten der Waldgewerbe,[454] wogegen landwirtschaftliche Feuerpraktiken in diesen Kreisen grösstenteils abgelehnt wurden.

Nichtsdestotrotz war der Gewerbebetrieb im Wald ähnlich straff geregelt wie die oben beschriebenen, landwirtschaftlichen Waldnebennut-

---

[449] Hochfürstlich-baslische Wald- und Forst-Policey Ordnung 1756: 39-40. Zudem wurden auch Massnahmen zur schnellen Löschung von Bränden angeordnet: „Wenn dahero in der Nähe ein Bach oder andere Wasser-Quell zu gegen ist, so sollen sie einen Wasservorrath in einem Zuber aufbehalten, damit sie den Unglücksfällen, die ihnen begegnen möchten, Wiederstand thun können.“

[450] Forstordnung für der Stadt Bern deutsche Lande 1786: 22: „Wir verbieten brauchbares Holz, das man besser nutzen, und abführen kann, zu verkohlen. Auch Kohlhäufen in oder an den Wäldern zu errichten. Wir erlauben hingegen, ungelegenes, unbrauchbares Holz, Stöcke und Wurzeln auf abgehauenen Böden und offenen Stellen, doch nicht ohne Bewilligung des Amtmanns, zu verkohlen.“

[451] Vgl. Steinsiek, Laufer 2012: 383.

[452] Dies verdeutlicht wie bereits im Falle der landwirtschaftlichen Feuerpraktiken wiederum eine Forderung Hartigs in Bezug auf die Aschebrennerei: „Wo diese Holzbenutzungs-Art noch statt findet, wird oft unglaublich unvorsichtig mit dem Feuer im Walde umgegangen und dadurch mancher Waldbrand veranlasst. Es müssen daher viele Leute ganz vorzüglich unter Aufsicht gehalten und ihnen vom Förster diejenigen Plätze angewiesen werden, wo das Verbrennen des Holzes ohne Gefahr vorgenommen werden kann. In der dürren Sommerszeit, und bey stürmischer Witterung aber muss das Aschenbrennen ganz verboten seyn.“ Hartig 1820: 294.

[453] Vgl. bezüglich der Qualität der Holzkohle etwa die Hochfürstlich-baslische Wald- und Forst-Policey Ordnung 1756: 40.

[454] Vgl. Florin 1705: 838; Stahl 1773: 545, welche umfangreiche Artikel über die Anlegung von Kohlemeilern verfassten.

zungen. Es stellt sich angesichts dieser rigorosen Bestimmungen grundsätzlich die Frage, wie konsequent die erlassenen Forstordnungen überhaupt durchgesetzt wurden. HASEL und SCHWARTZ bemerken dazu, dass die häufige Wiederholung von Geboten oder Verboten und gesteigerte Strafandrohungen eher auf das Nichteinhalten dieser Ordnungen hinweist.[455] Im Falle von Waldbränden müsste hierzu allerdings ergänzt werden, dass Wiederholungen oder Verschärfungen des geltenden Rechts oft auch bei der Häufung von Bränden vorgenommen wurden,[456] wie Cornel ZWIERLEIN dies im Falle von Stadtbränden festhält.[457]

Der allmähliche Rückgang der Waldgewerbe setzte im 19. Jahrhundert ein und war im Wesentlichen mit der Ablösung des Energieträgers Holz und mit den Fortschritten in der chemischen Industrie verbunden.[458] Besonders rasch erfolgte diese Verdrängung nach dem Ausbau der Eisenbahnnetze in der zweiten Hälfte des 19. Jahrhunderts.[459]

3.3 Die Rolle der Waldbrände im Zeitalter der Industrialisierung

3.3.1 Industrialisierung und Wald in der zweiten Hälfte des 19. Jahrhunderts

Der tiefgreifende Strukturwandel, der sich im 19. Jahrhundert von Grossbritannien ausgehend auf den nordwestlichen Teil Europas ausstreckte und später mit dem Begriff „Industrialisierung"[460] versehen wurde,[461] wirkte sich innert weniger Jahrzehnte in fundamentaler Wei-

---

455 Vgl. Hasel, Schwartz ^{3}2006: 139.
456 Vgl. etwa Aufruf hinsichtlich der Waldbrände 1840: 70-71.
457 Vgl. Zwierlein 2011: 166: Nach Stadtbränden wurde laut Zwierlein häufig mit der Prüfung oder Verschärfung von Gesetzen gegen feuergefährliche Gewerbe, Manufakturen und Fabriken vorgegangen.
458 Vgl. Küster ^{2}2008: 187.
459 Vgl. Radkau 2012: 222.
460 Vgl. Osterhammel ^{5}2010: 916: Bezüglich der Verwendung des Begriffs ‚Industrialisierung' spricht Osterhammel zunächst von der Steigerung der realen Pro-Kopf-Erzeugung innerhalb einer Volkswirtschaft, wobei die industrielle Infrastruktur oft erst auf gewisse Wirtschaftssektoren und Regionen beschränkt war.
461 Vgl. Tilly 2010.

se auf das Wirtschafts- und Gesellschaftsgefüge der betroffenen Regionen aus. Gleichwohl waren die Grundlagen vieler mit der Industrialisierung zusammenhängenden Entwicklungen bereits im 18. Jahrhundert geschaffen worden. Aufgrund des limitierten Umfangs dieser Arbeit können, vor allem zum Zwecke späterer Bezugnahmen, einige dieser zentralen Bedingungen lediglich kurz angeschnitten werden.[462]

Auf struktureller Ebene war mit der Protoindustrialisierung[463] und dem Handelswesen bereits im 18. Jahrhundert die Basis überregionaler Produktions- und Vertriebsnetze geschaffen worden.[464] Zudem waren für die Entfaltung eines freien Unternehmertums gewisse wirtschaftspolitische Rahmenbedingungen vonnöten, welche vor allem in Grossbritannien seit längerer Zeit bestanden und ebenfalls mit dem Überseehandel in Beziehung zu setzen sind.[465] Technische Innovationen seit dem 18. Jahrhundert und die Entwicklung und Verbreitung der Dampfmaschine[466] begünstigten die Technisierung und Verbesserung der Produktions- und Verkehrsinfrastruktur massgeblich.[467] Auf gesellschaftlicher Ebene äusserte sich der oben erwähnte Strukturwandel in vielen Ländern Nordwesteuropas durch einen demografischen Übergang[468] und ein deutliches Bevölkerungswachstum.[469] Nicht zuletzt war seit dem 18. Jahrhundert in eben diesem Teil Europas eine grund-

---

[462] Auch eine kritische Diskussion verschiedener Konzepte zur Industrialisierung ist an dieser Stelle nicht möglich. Eine Übersicht verschiedener Theorien und Kontroversen findet sich bei Osterhammel ^{5}2010: 913-914.

[463] Das Konzept der Proto-Industrialisierung kann grob als ‚Industrialisierung vor der Industrialisierung' bezeichnet werden. Viele Aspekte dieser Theorie sind in der Forschung aber umstritten, wie aus dem Artikel Schlumbohms hervorgeht. Vgl. Schlumbohm 1994: 23-33.

[464] Vgl. ebd.

[465] Vgl. Walter ^{5}2011: 60.

[466] Eine Basisinnovation umfasst laut Stiller 2005: 64 „ein eng vernetztes Technologiebündel, welches die Innovationsaktivitäten einer Volkswirtschaft über mehrere Jahrzehnte massgeblich determiniert [...], über mehrere Jahre die Rolle des Motors im wirtschaftlichen Entwicklungsprozess [übernimmt] [...], [und] zu einem gesamtgesellschaftlichen Reorganisationsprozess [führt]".

[467] Vgl. Kriedel 2005: 79-81.

[468] Vereinfacht können demografische Übergänge mit sinkenden Sterberaten, denen mit gewisser Verzögerung abnehmende Geburtsraten folgen, beschrieben werden. Vgl. Bähr, Jentsch, Kuls 1992: 481-484.

[469] Vgl. Ehmer 2004: 6-9.

sätzliche Umstrukturierung und Modernisierung der Landwirtschaft umgesetzt worden, was erhebliche Produktionssteigerungen in der Agrar- und Viehwirtschaft erlaubte.[470] Durch eine effiziente Landwirtschaft und ein starkes Bevölkerungswachstum konnte wiederum die grosse Nachfrage nach Arbeitskräften in den Fabriken befriedigt werden. Dies wirkte sich schliesslich auf die Umverteilung der Wirtschaftssektoren aus.[471] Das mit dem sektoralen Wandel[472] in Zusammenhang stehende Wachstum der Industrie war aber auch entscheidend mit einem Wechsel des sozialmetabolischen Regimes verknüpft. Den Kern der sozialmetabolischen Transformation im 19. Jahrhundert bildete der Übergang in das fossile Energiesystem. Die plötzliche Verfügbarkeit grosser Mengen an fossiler Energie hatte entscheidende Auswirkungen auf den Umgang mit der Ressource Holz.[473]

Allerdings darf nach Joachim RADKAU nicht der Fehlschluss gezogen werden, dass mit der einsetzenden Industrialisierung das Holz aus den ökonomischen Produktionsprozessen verschwunden sei. Vielmehr änderte sich im Laufe des Prozesses die Verwendung der Ressource Holz. Die auf engem Raum konzentrierte Vielfalt der Holznutzungen verschwand in der zweiten Hälfte des 19. Jahrhunderts, wie dies am allmählichen Ersatz der Holzkohle durch den neuen Primärenergieträger Steinkohle veranschaulicht werden kann.[474] Gefragter wurde dagegen Faserholz für die Papierherstellung sowie Bau- und Nutzholz für Eisenbahnschwellen, Telegrafenstangen und Grubenholz. Längerfristig bedeutete der Rückgang der Brennholznutzung in der zweiten Hälfte des 19. Jahrhunderts jedoch für viele Wälder eine deutliche Entlastung.[475]

---

[470] Vgl. Pfister 1993: 111-120; Braun 1984: 58-109.

[471] Die sektorale Gliederung der Wirtschaft umfasst die Landwirtschaft als ersten, das Gewerbe und die Industrie als zweiten und die Dienstleistungen als dritten Sektor. Vgl. Kulke ³2008: 22-31.

[472] Der sektorale Wandel geht von einer nachhaltigen Veränderung der Anteile der Wirtschaftssektoren in einer Volkswirtschaft aus. Im Beispiel des industriellen Wandels im 19. Jahrhundert ist damit die Zunahme des zweiten Sektors zu Lasten des ersten gemeint. Vgl. ebd.: 29.

[473] Vgl. Sieferle et al. 2006: 131-139.

[474] Vgl. Radkau 2012: 218, 230.

[475] Vgl. Küster ²2008: 194-195.

Die waldbaulichen Massnahmen, wie sie im Kapitel 2.3.2 bereits erörtert wurden, lassen erkennen, welchen Wandel die Waldbewirtschaftung im Laufe des 19. Jahrhundert vollzogen hat. Hinter den einzelnen Massnahmen stand der grossflächige Umbau der Wälder vom Brennstoff- zum Nutzholzlieferanten.[476] Maximale Erträge konnten mit dem Anbau schnellwachsender Nadelbaumarten erreicht werden, so dass Nadelholz-Monokulturen zum Kennzeichen der Aufforstungen im Zuge der Industrialisierung wurden. Laut Hansjörg KÜSTER war eine nachhaltige Bewirtschaftung überhaupt erst ab dem Zeitpunkt möglich, als der immense Holzbedarf nachgelassen hatte, welcher bis in die Mitte des 19. Jahrhunderts für den schlechten Zustand vieler Waldungen verantwortlich war. Mit dem Wegfall dieses Nutzungsdrucks konnte in der zweiten Hälfte des 19. Jahrhunderts die Wiederbewaldung grosser Gebiete Mitteleuropas erfolgen.[477]

3.3.2 Eisenbahn und Waldbrandproblematik

3.3.2.1 Bau und Verbreitung der Eisenbahnnetze

Neben den Fortschritten in der Schifffahrt wurde die Eisenbahn das Symbol der räumlichen Ausbreitung und der sprichwörtliche Träger der industriellen Expansion. Der schnelle und kostengünstige Massentransport von Waren und Passagieren bedeutete die Überwindung der bislang geltenden Standortrestriktionen und eröffnete völlig neue wirtschaftliche Möglichkeiten. Rasch konnten nun Ressourcen und Rohstoffe, Halberzeugnisse und Handelsgüter zwischen Produktionsstandorten und Abnehmerregionen hin und her verschoben werden.[478]

Die Verbreitung der Eisenbahnnetze war zunächst mit dem Bau unzähliger Teilstrecken verbunden. Bis zur Mitte des 19. Jahrhunderts waren die grösseren Städte der deutschen Staaten bereits in ein geschlossenes Streckennetz mit Anschluss nach Wien, Paris und Warschau integriert worden.[479] In der zweiten Jahrhunderthälfte war das Eisenbahnnetz

---

[476] Vgl. Hasel, Schwartz [3]2006: 249-251.
[477] Vgl. Küster [2]2008: 193-194.
[478] Vgl. Kroker 1993: 145-148; Sieferle et al. 2006: 133.
[479] Vgl. Roth 2005: 65-67.

nach einer kurzen Krise erneut stark gewachsen, das Streckennetz verband im Deutschen Kaiserreich zahlreiche Regionen und alle grossen und mittleren Städte miteinander.[480] Im europaweiten Vergleich erfolgte der Aufbau der Eisenbahnstrecken in unterschiedlicher Geschwindigkeit, allerdings mit einem deutlich früheren und intensiveren Wachstum in Nordwesteuropa.[481] Der Bau von Eisenbahntrassen war deutlich anspruchsvoller als die Anlegung von Strassen. Während Verkehrswege dynamisch an Topografie, Flursysteme oder Siedlungen angepasst werden konnten, durften bei Schienenwegen nicht zu enge Kurvenradien und nicht zu starke Steigungen auftreten. Der Streckenverlauf musste daher genau geplant und durch aufwendige Bauten wie Brücken, Dämme und Bahndurchstiche ergänzt werden. Nicht zuletzt verliefen zahlreiche Eisenbahnlinien durch Wälder.[482]

3.3.2.2 Vorbeugungsmassnahmen gegen die Waldbrandgefahr durch Dampflokomotiven

Mit dem Aufschwung der Industrie und der Verbreitung der Eisenbahnen gingen die traditionellen Waldnutzungen durch Landwirtschaft und Gewerbe deutlich zurück. Den Platz der vormaligen Nieder- und Mittelwälder nahmen vielerorts die zur intensiven Holznutzung angelegten Nadelholzhochwälder ein.[483]

Bezogen auf die Waldbrandthematik trafen jedoch mit der rasanten Verbreitung der Eisenbahnen und dem systematischen Anbau von Nadelholz-Hochwaldbeständen zwei höchst ungünstige Faktoren aufeinander, wie LEHNPFUHL 1901 schildert:

> „Alljährlich werden neue Eisenbahnstrecken erbaut, welche auch die ärmeren, verhältnismässig mehr bewaldeten Gegenden aufschliessen. Umfangreiche Oedländereien und grosse Ackerflächen, für welche der landwirthschaftliche Betrieb nicht mehr lohnend ist, ja ganze Vorwerke und Güter werden aufgeforstet.

---

[480] Vgl. ebd.: 131.

[481] Vgl. Then 1997: 58-59, welcher jedoch auf die regionale Verbreitung der Industrialisierung und die ebenfalls regional konzentrierten Eisenbahnnetze im 19. Jahrhundert aufmerksam macht.

[482] Vgl. Küster ^{4}2010: 306-311.

[483] Vgl. Radkau 2012: 234-235.

> Die den Wald gefährdenden Eisenbahnstrecken nehmen daher andauernd nicht blos absolut, sondern auch relativ zu.“[484]

Die mechanische Bewegungsenergie der bis ins 20. Jahrhundert verkehrenden Lokomotiven wurde durch Wärmeenergie aus Wasserdampf erzeugt. Die Erhitzung des Dampfkessels erfolgte durch die Verfeuerung von Brennstoffen bei Betriebstemperaturen von 1500 bis 1600 Grad Celsius, wobei vor allem Torf, Holz- und insbesondere Steinkohle verbrannt wurde.[485] Entscheidend trug der Austritt glühender Kohlenpartikel aus dem Schornstein der Lokomotiven zum Brandrisiko bei. Grössere Partikel konnten einen Brand zwar leichter entfachen, kleinere hingegen hatten eine weitaus grössere Reichweite.[486] Eine Debatte zu dieser Thematik bestand seit den Anfängen des Eisenbahnbaus. Hinweise über die Gefährlichkeit des Funkenwurfs von Eisenbahnen finden sich etwa in der Schweiz bereits kurz nach Inbetriebnahme der ersten grösseren Streckenabschnitte.[487] Gleichzeitig blieb das Thema bis ins 20. Jahrhundert hinein präsent, wie das Beispiel des Waldbrandes im Primkenauer Forst im Jahre 1904 zeigt. Aufgrund von Funkenwurf aus einer Lokomotive waren dort bei starkem Wind mehrere Tausend Hektaren Wald und eine Siedlung in Brand geraten und ein Opfer des Feuers geworden.[488]

Zur Verhinderung dieser negativen Begleiterscheinung des Eisenbahnbetriebs waren Massnahmen zur Brandverhütung in unterschiedlichen Bereichen entwickelt worden. Naheliegend waren Anpassungen bei der Konstruktion der Lokomotiven selbst. Das zu lösende Problem bildete dabei die Sogwirkung, welche zur Aufrechterhaltung des Verbrennungsvorganges und somit der Funktionsfähigkeit der Lokomotive beständig Luftmassen durch die Brennstoffschicht und die das Wasser erhitzenden Siederohre zog. Beim schnellen Durchlauf von Luftmassen konnten glühende Kohlenstücke ins Freie getragen werden.[489] Abhilfe sollten sogenannte Funkenfänger schaffen, deren Funk-

---

[484] Lehnpfuhl 1901: 635.
[485] Vgl. Lueger 1908: 203-215.
[486] Vgl. Kienitz 1904: 7.
[487] Vgl. bespielsweise Landolt 1866: 396.
[488] Vgl. Gollmer [1904]: 1-8.
[489] Vgl. Röll 1914: 242.

tionsweise der Freiherr von RÖLL 1914 wie folgt schildert (siehe Anhang, Abb. 2):

> „Ein guter Funkenfänger soll der Bedingung genügen, den Funkenflug möglichst zu verhüten, ohne dabei die Saugwirkung des Blasrohres zu beeinträchtigen. Die Wirksamkeit der Funkenfänger besteht darin, die Funken durch Siebe, gelochte Bleche oder Gitter aufzufangen oder durch Anprallen an Lenkbleche, Schirme, Trichter, Rosen u.s.w. zu zerkleinern, damit sie im erloschenen Zustande aus dem Schornstein ins Freie herausgeschleudert werden.“[490]

Auf besonders gefährdeten Strecken verkehrten zwar bereits im 19. Jahrhundert mit Funkenfängern ausgestattete Lokomotiven.[491] Anhand einer Bemerkung von KIENITZ kann aber festgehalten werden, dass noch zu Beginn des 20. Jahrhunderts keine ausgereifte technische Lösung des Problems gefunden worden war.[492] Weitere Massnahmen zur Waldbrandverhütung bildeten Vorschriften in Bezug auf die Bedienung der Lokomotive bei der Durchquerung heikler Passagen, etwa das Verbot des Heizens an feuergefährlichen Stellen. Kenntlich gemacht wurden solche Passagen durch spezielle Markierungen an Telegrafenstangen oder durch das Aufstellen von Schildern.[493] Adam SCHWAPPACH berichtet von eigens für die Observation von Bahnstrecken aufgestellten Brandwachen während heissen und trockenen Witterungsverhältnissen.[494]

Vorbeugungsmassnahmen waren seit der Mitte des 19. Jahrhunderts auch in den Waldbeständen selbst vorgenommen worden. Weit verbreitet waren Feuerschutzsysteme, die zwischen Bahnkörper und Waldung angelegt wurden. KIENITZ betont 1894 die Vielfalt an verschie-

---

490 Ebd.: 242-243.

491 Vgl. Kroker 1993: 159.

492 Kienitz 1904: 7: „In einer von der Königlich preussischen Staatseisenbahn-Verwaltung im Jahre 1901 herausgegebenen Schrift ‚Verhütung von Waldbränden‘ wird ausdrücklich anerkannt, dass die Bestrebungen der Eisenbahntechniker, die Feuersgefahr durch Vorrichtungen gegen das Hinausschleudern glühender Kohlestücke an den Lokomotiven zu beseitigen, bis jetzt zu keinem günstigen Ergebnis geführt haben.“

493 Vgl. Danckelmann 1894: 244.

494 Vgl. Schwappach 1894: 281-282.

denen Systemen, welche aus unterschiedlichen Gefahrenklassen gewachsen seien.[495] Allerdings kann anhand eines Erlasses der königlichen Eisenbahn-Direktion Bromberg von 1887 für die Provinz Posen auch der hohe Grad der Standardisierung gezeigt werden, was die Vorgaben zur Anlage eines solchen Feuerschutzsystems betrifft:

> „Es ist zu jeder Seite der Mittellinie der Bahn ein 20m breiter sogenannter Brandschutzstreifen A anzulegen und von allem Nadelholz-Aufwuchs [...] gänzlich frei und zur Beseitigung der aus den trockenen Nadeln erwachsenden Gefahr durch Pflügen und Umbrechen wund zu machen und zu erhalten. Ausserdem wird auf jeder Bahnseite in 50m Entfernung von der Bahnmitte ein 1.5m breiter, 0.40m tiefer Feuergraben C gezogen und der Aushub desselben nach aussen als kleiner Schutzdamm aufgeworfen.“[496]

Anhand der Beschreibung und der der Schrift beiliegenden Skizze wird ersichtlich, welcher Aufwand mit der Anlegung solcher zur Sicherung der Waldbestände angelegten Schutzvorrichtungen verbunden war (siehe Anhang, Abb. 3). Die gängige Praxis, neben den ohnehin wund gehaltenen Schutzstreifen zusätzlich noch breite, unbepflanzte Sicherheitsstreifen[497] zu unterhalten, war deshalb auch ein umstrittener Gegenstand vieler forstlicher Beiträge. So sei der Unterhalt dieser Sicherheitsstreifen aufwendig und kostspielig, zugleich lieferten die kahl liegenden Flächen keinerlei Erträge, bemerkt KIENITZ 1904:

> „Ein 10 m breiter Streifen Landes aber bedeutet auf 1 km Länge eine Fläche von 1 ha. Wenn also zu beiden Seiten einer Eisenbahn eine Fläche von nur 10 m Breite kahl liegt, so wird dadurch auf jedem Kilometer einer Bahnstrecke eine Ödlandfläche von 2 ha geschaffen [...].“[498]

---

[495] Vgl. Kienitz 1894: 447.
[496] Danckelmann 1894: 242.
[497] Um angesichts der Begriffspluralität in den Quellen Missverständnisse zu vermeiden, wird im Folgenden für die unmittelbar am Bahnkörper gelegen Flächen der Begriff ‚Schutzstreifen‘, für die an diese Schutzstreifen anschliessenden, umstrittenen Flächen hingegen der Begriff ‚Sicherheitsstreifen‘ verwendet.
[498] Kienitz 1904: 8.

Des Weiteren bemängelt KIENITZ die Wirksamkeit der Kahlflächen und macht darauf aufmerksam, dass glühende Partikel der vergleichsweise leichten Holzkohle mitunter bis zu 80 m weite Strecken zurücklegen könnten.[499] Dies ist auch mit dem Umstand verbunden, dass der Austritt der Kohlepartikel nicht in Bodennähe, sondern jeweils auf der Höhe des Schornsteins der Lokomotiven erfolgte, was die Reichweite der Streuung erheblich erweiterte.[500] LEHNPFUHL weist aufgrund persönlicher Erfahrungswerte im Jahre 1901 darauf hin, dass kahle Flächen beidseits der Bahnstrecke die Feuergefahr sogar noch erhöhen würden: Da der Wind nicht von den Baumkronen aufgefangen und abgelenkt würde, könne der fahrende Zug viel einfacher von seitwärts wehenden Luftströmungen erfasst werden.[501]

Auf Basis dieser Erkenntnisse propagierten zahlreiche forstliche Schriften Alternativen zum bestehenden System. Viele der Vorschläge ähnelten dabei den waldbaulichen Massnahmen, die in Kapitel 2.3.2 beschrieben wurden. KIENITZ, dessen Ausführungen über die Systeme parallel laufender Wund- und Verbindungsstreifen heute als wegweisend für die Entwicklung der Feuerschutzsysteme im 20. Jahrhundert gelten,[502] macht 1894 diesbezüglich zwei massgebliche Forderungen geltend (siehe Anhang, Abb. 4):

> „1. Der Boden desselben [des Sicherheitsstreifens, Anm. SL] soll ganz oder doch auf genügend breiten Gräben oder Gängen, welche der Bahnlinie gleichlaufen, eine unverbrennliche Oberfläche haben.
> 2. Auf den Sicherheitsstreifen muss ein Bestand stehen, entweder auf der ganzen Fläche oder doch auf einem genügend breiten, der Bahnlinie gleichlaufenden Streifen, der das Ueberfliegen der Funken in den Wald jenseits des Sicherheitsstreifens hindert."[503]

Diese von KIENITZ aufgestellten Grundsätze spiegelten im Wesentlichen die Einsicht vieler Forstexperten wieder, dass die Aufforstung

---

[499] Vgl. ebd.
[500] Vgl. Lex [4]1996: 55.
[501] Vgl. Lehnpfuhl 1901: 653-657.
[502] Vgl. Lex [4]1996: 54.
[503] Kienitz 1894: 453.

der Sicherheitsstreifen weniger gefährlich und zugleich rentabler war als der aufwendige Unterhalt breiter Kahlflächen.[504] Zugleich musste aber ein Ausgleich zwischen den verschiedenen partizipierenden Akteuren gefunden werden. Adam SCHWAPPACH macht 1894 etwa darauf aufmerksam, dass die Eisenbahnverwaltungen im Deutschen Kaiserreich von Gesetzes wegen für den Kauf und Unterhalt der unmittelbar an den Bahnkörper anschliessenden Schutzstreifen verpflichtet seien, der Unterhalt der Sicherheitsstreifen und der Feuergräben jedoch in den Händen der jeweiligen Forstverwaltung liege.[505]

3.3.2.3 Rechtliche Aspekte im Zusammenhang mit Waldbränden und Eisenbahnen

Von Dampflokomotiven verursachte Brände konnten bereits in einem frühen Stadium des Eisenbahnbetriebs langwierige juristische Konsequenzen zur Folge haben, wie ein Fall aus der Schweiz im Jahre 1857 zeigt.[506] Bezüglich der Waldbrandthematik bestanden zudem vielfach von Rechtsunsicherheit oder durch hohe Komplexität geprägte Eisenbahngesetze, in denen beispielsweise Fragen zu Haftungsansprüchen bei zerstörten Waldbeständen uneinheitlich geregelt waren.[507] Paul SEIDEL macht diesbezüglich auf die diffuse rechtliche Situation in den preussischen Gebieten in der zweiten Hälfte des 19. Jahrhunderts aufmerksam, wo unterschiedlich klassifizierte Eisenbahnen zugleich unterschiedlichen gesetzlichen Bestimmungen unterlagen.[508] Interessant ist dabei die Tatsache, dass sich bezüglich der Spurbreiten, der Dimen-

---

[504] Lehnpfuhl 1901: 657-659 spricht sich diesbezüglich für einen Kompromiss zwischen Aufforstung und Wundhaltung aus, bei dem jeweils eine Seite des Bahnkörpers wund gehalten und eine aufgeforstet werden soll. Dies verhindere einerseits das Auftreten starker Seitenwinde, andererseits das Übergreifen des Feuers im Falle eines Waldbrandes.

[505] Vgl. Schwappach 1894: 282.

[506] Ein Rechtsfall vor schweizerischem Bundesgericht 1857: o.S.: „Vor dem gegenwärtig in Zürich versammelten schweizerischen Bundesgericht kam letzter Tage ein Fall zur Behandlung, der bei der zunehmenden Verbreitung der Eisenbahnen ein allgemeines Interesse beansprucht. Es handelte sich nämlich um die Gefahren, denen gewisse, in kurzer Entfernung an die Bahn anstossende Etablissements durch das Aussprühen der Feuerfunken aus den Lokomotiven ausgesetzt sind."

[507] Vgl. Then 1997: 117-124.

[508] Vgl. Seidel 1917: 11-12.

sionen der Züge oder der Länge der Streckennetze ‚Kleinbahnen' keineswegs von ‚Nebenbahnen' oder ‚Hauptbahnen' unterscheiden mussten, vielfach sogar mehreren dieser Kategorien entsprachen.[509]

In Bezug auf rechtliche Aspekte im Zusammenhang mit Waldbränden können an dieser Stelle exemplarisch zwei Fälle aus der Schweiz betrachtet werden, die sich Ende des 19. Jahrhunderts in unmittelbarer Nähe der Trassen der Nordostbahn[510] zugetragen haben. So brannten am Karfreitag des Jahres 1882 in der Nähe der Ortschaft Tagelswangen im Kanton Zürich etwa 27 Aren mehrjährige Waldbestände ab; das Feuer konnte schliesslich von lokalen Helfern gelöscht werden (siehe Anhang, Karte 6).[511] In einem ersten Bericht des Gemeindeammanns[512] vom 8. April 1882 wird der Eisenbahnbetrieb als Brandursache vermutet:

> „Der Brand hat unzweifelhaft an der ziemlich hohen Böschung der Nationalbahn seinen Anfang genommen und an derselben das dürre Gras in einer Länge von 110 Metern total verbrannt, von der Böschung überschritt das Feuer den Graben und Waldweg und gelangte in die Waldung. Die Länge des Brandplatzes dem Waldweg nach, beträgt cirka 70 Meter, also eine bedeutend kürzere Strecke als der Nationalbahnböschung und somit klar dass das Feuer letzterer entstanden ist, dafür spricht auch der Umstand dass der Brand unmittelbar nach den beiden vorbeifahrenden Zügen vor Mittag 1 Uhr entstanden ist. Auf den Brandstellen am Eisenbahndamm sind angebrannte Baumwoll Abgangstoffe, welche zum Reinigen der Locomotive gebraucht

---

[509] Vgl. Kroker 1993: 146-147.

[510] Die 1853 gegründete Nordostbahn war bis zum Jahr 1890/91 die grösste Schweizer Bahngesellschaft. Sie verfügte über ein Streckennetz von mehr als 850 km. Vgl. Bärtschi 2011.

[511] Gutachten des Gemeindeammans Lindau, 08.04.1882, StAZ [Staatsarchiv Zürich], Z 322.410: „Die betreffende Waldung grenzt westlich an die Nationalbahn östlich an den, dem Nationalbahndamm nachführendem Waldweg. 1/3 dieser Grundfläche ist mit Rothtannen, vermischt mit etwas Forren bepflanzt und ist cirka 10-jähriger Bestand. 2/3 ist ausschliesslich mit Forren bepflanzt und cirka 15-jähriger Bestand."

[512] Das Amt des Gemeindeammanns entspricht demjenigen eines Gemeindepräsidenten.

> worden, sowie ausgeworfene Schlaggen[513] aufgefunden worden, welche sehr wahrscheinlich den Brand verursacht haben.“[514]

Da es sich um Privatwaldungen handelte, wurde auf Gesuch der Waldbesitzer eine amtliche Untersuchung eingeleitet. Die Aussagen des an den Löscharbeiten beteiligten Bahnwärters im darauf angefertigten Polizeirapport zeichnen dabei ein deutlich anderes Bild über den Ablauf und die mutmassliche Ursache des Brandes:

> „Nach Aussage des Bahnwärters Gering, sei das Feuer, als er zur Stelle gekommen schon zu weit ausgedehnt gewesen, dass man hätte wahrnehmen können, wo dasselbe seinen Anfang genommen, ebenso könne er über die Ursache der Entstehung nichts angeben. Dübendorfer und Wettstein von Balterswil haben ihm mitgetheilt, als sie den Brand bemerkt und darauf zugelaufen, haben sie 2 Männer gesehen, welche von der Brandstelle herkommend, bei ihrer Herannäherung sich über die Bahnböschung hinunter in die Waldung gemacht haben.“[515]

Infolge der Erwähnung weiterer Verdächtiger und aufgrund des Mangels an Beweisen wurden nun auch sämtliche an der Bekämpfung des Feuers beteiligten Personen sowie das Betriebspersonal zweier Züge befragt, die zum Zeitpunkt des Brandausbruches die Strecke passierten. Letztere beteuerten bezüglich der Brandursache aber ebenfalls ihre Unschuld.[516] Mangels weiterer Erkenntnisse wurde die Untersuchung schliesslich am 1. Juni 1882 sistiert.[517] Ein zuvor erstellter Expertenbericht berechnete eine zwei- beziehungsweise dreistellige Schadenssumme für zwei geschädigte Waldbesitzer. Der zuständige Forstexperte machte zudem darauf aufmerksam, dass noch weitere Waldbestände zerstört wurden, sich diese jedoch auf dem von der Bahngesellschaft

---

[513] Mit dem Begriff Schlacke ist hier der Verbrennungsrückstand gemeint, der aus der Verfeuerung der Steinkohle herrührt.

[514] Gutachten des Gemeindeammans Lindau, 08.04.1882, StAZ, Z 322.410.

[515] Polizeirapport, 14.04.1882, StAZ, Z 322.410.

[516] Befragung des Lokführers Rubli, 06.05.1882, StAZ, Z 322.410: „Der Brand kann ebensogut durch Wegwerfen einer brennenden Cigarre entstanden sein, durch Schlacken oder brennende Putzfäden von unserer Maschine ist derselbe jedenfalls nicht entstanden.“

[517] Vgl. Sistierungsverfügung des Statthalteramtes Pfäffikon, 01.06.1882, StAZ, Z 322.410.

erworbenen Land befunden hätten und daher unweigerlich von jeglichen Schadenersatzansprüchen ausgenommen wären.[518]

Dieser Befund ist insofern brisant, weil das zu diesem Zeitpunkt gültige ‚Bundesgesetz über den Bau und Betrieb der Eisenbahnen' von 1872 die Verantwortung über die Gewährleistung der Sicherheit in Gleisnähe den Bahngesellschaften zuschrieb, wie in Artikel 16 festgehalten ist:

> „Die Gesellschaft [hier sind die Bahngesellschaften gemeint, Anm. SL] wird die Bahn, wo es die öffentliche Sicherheit erheischt, in ihren Kosten auf eine die Sicherheit gewährende Weise einfriedigen und die Einfriedung stets in gutem Stande erhalten."[519]

Der betreffende Gesetzesartikel war ebenfalls Gegenstand einer gerichtlichen Auseinandersetzung zwischen der Zürcher Gemeinde Bülach und der Nordostbahn, die nach einem Waldbrand im sogenannten Höhragen im Mai 1892 entbrannte (siehe Anhang, Karte 7). Anders als beim Waldbrand in Tagelswangen konnten andere Brandursachen als die Entzündung durch einen vorbeifahrenden Zug weitgehend ausgeschlossen werden, wie der Bericht des Forstmeisters Carl Anton Ludwig von ORELLI[520] in der ‚Schweizerischen Zeitschrift für das Forstwesen' 1894 zeigt:

> „2 Uhr 35 war Zug Nr. 200 bei sehr heftigem Westwinde von Bülach (km 16,2) nach Zürich abgefahren. Bevor er die Station Niederglatt (km 21,1) erreichte, wurde das Feuer bei km 18,8 im Höhragen schon bemerkt, und ausserdem brannte die Bahnböschung im Einschnitte zwischen km 19,0 und 19,1 in unmittelbarer Nähe des Bahnwärterhäuschens. [...] Im Nu hatte, vom Westwinde ergriffen, das Feuer die Baumkronen ergriffen und

---

518 Expertenbericht, 20.05.1882, StAZ, Z 322.410: „Es sei der Schaden auf dem 27 Aren grossen Waldstück zu reduzieren auf die Hälfte Waldboden und zwar auf 13 ½ Aren und zwar daraus, weil der eine Theil auf das von der Bahngesellschaft gekauften Landes fällt sogenannte bleibende Entwaldung, und daher von diesem Theil keine Entschädigung gefordert werden kann."

519 Bundesgesetz über den Bau und Betrieb der Eisenbahnen auf dem Gebiete der schweizerischen Eidgenossenschaft 1872: 6.

520 Carl Anton Ludwig von Orelli (1808-1890), Stadtforstmeister von Zürich. Vgl. Illi 2009.

> so eine 400 m lange Strecke durchrast, bis es an den ersten Querweg kam. Schon hatten die Kronen des jenseits der Strasse befindlichen 30jährigen, gereinigten und durchforsteten Fichtenbestandes Feuer gefangen, als der Wind nachliess, das Feuer kein dürres Material mehr vorfand und durch die herbeigeeilte Hülfsmannschaft bewältigt werden konnte.“[521]

Die darauffolgende Klage wurde jedoch von Seiten des Bezirksgerichts und des kantonalen Obergerichts, schliesslich auch vom eidgenössischen Bundesgericht abgewiesen. Die angeklagte Nordostbahn-Gesellschaft machte dabei stets die mangelnde Beweislage geltend.[522] Auffallend sind die teilweise analogen Aussagen in den Gerichtsverhandlungen des Falles von 1892 und den Befragungsprotokollen des Falles von 1882.[523]

Wie bereits in Kapitel 3.3.2.2 beschrieben, waren Dampflokomotiven noch im 20. Jahrhundert eine ernste Gefahr für die an Bahnstrecken gelegenen Waldungen. Erst mit der Einführung von Diesellokomotiven und der zunehmenden Elektrifizierung des Eisenbahnbetriebs nahm die Waldbrandgefahr der Eisenbahn allmählich ab.[524] Die zwei Beispiele aus dem Kanton Zürich machen jedoch auch die schwierige Rechtslage für die von Bränden betroffenen Waldbesitzer deutlich. Obwohl Eisenbahnunternehmer sich gegenüber Waldbrand-Geschädigten zuweilen entgegenkommend zeigten,[525] muss doch auf ein gewisses Machtgefälle zwischen den finanzstarken und einflussreichen Eisenbahngesellschaften und den vielfach in ihrem Handlungsspielraum eingeschränkten Waldbesitzern geschlossen werden.[526]

---

[521] Orelli 1894: 240-241.

[522] Vgl. ebd.: 141-142.

[523] Ebd.: 242: „Es wurde bei der Verhandlung vor Appellationskammer des Obergerichtes Zürich gesagt, es wäre ja auch möglich, dass der Brand durch einen von einem Passagiere aus dem Zuge geworfenen brennenden Cigarrenstummel entstanden sei, und hierfür könne doch die Gesellschaft nicht verantwortlich gemacht werden.“

[524] Vgl. Radkau 2008: 276-277.

[525] Vgl. Orelli 1894: 244.

[526] Vgl. zum Phänomen der ‚Eisenbahnkönige‘ etwa Roth 2005: 113.

3.4 Zusammenfassung

Die drei untersuchten Wirtschaftszentren Stadt, Montan- und Salinenwesen sowie der überregionale Holzhandel waren in besonderer Weise an der Nutzung der Wälder in ihrem Umfeld interessiert. Die Holzversorgung musste oftmals mit grosser Umsicht und erheblichem Aufwand geplant werden. Stets drohte ein Mangel an Holzressourcen. In allen betrachteten Beispielen wurden die jeweiligen Akteure dabei mit dem Problem wiederkehrender Waldbrände konfrontiert, die sich erheblich auf die Sicherstellung eines geregelten Holznachschubs auswirken konnten.

Aus dem städtischen Umfeld, in dem die ersten Ansätze systematischer Holznutzung bereits sehr früh entstanden, waren Berichte über Waldbrände bereits im 18. Jahrhundert nur noch sehr selten festgehalten worden. Anhand des Beispiels des Köhlereiverbots im Zürcher Sihlwald aus dem 15. Jahrhundert konnte gezeigt werden, dass die Städte seit dem Spätmittelalter einen gezielten Ausschluss von bestimmten Gruppierungen betrieben, um die Feuergefahr in ihren Wäldern möglichst niedrig zu halten.

Das Montan- und Salinenwesen, welches im Zuge der merkantilistischen Wirtschaftspolitik der Herrschaftsträger zu Beginn der Frühen Neuzeit einen deutlichen Aufschwung erfuhr, war in gleicher Weise von der Waldbrandproblematik betroffen. Das in diesem Zusammenhang untersuchte Beispiel der Haller Salinenwälder im Unterengadin zeigte in Bezug auf den Wald die tiefgreifenden Interessensgegensätze zwischen dem traditionellen Bauerntum und einem vorindustriellen Grossbetrieb.

Ganz anders gestaltete sich die Situation im Falle des überregionalen Holzhandels, der anhand der Schwarzwaldregion untersucht wurde. Die Holzhandelskompagnien, an die die umfangreichen Waldbestände von Seiten der Landesherrschaft veräussert wurden, hatten keinerlei Interesse an einer nachhaltigen Holznutzung. Die riesigen, abgeholzten Waldflächen wurden weder neu bestockt, noch angemessen geräumt, wodurch an der Wende vom 18. zum 19. Jahrhundert wiederholt Brände riesigen Ausmasses auf den Kahlflächen ausbrachen. Im Anschluss wurde die Waldbrandthematik innerhalb des Interessenskonfliktes zwischen Landesherrschaft auf der einen, Gewerbe und Bauerntum auf der anderen Seite zu situieren versucht. Die Herrschaftsträger waren seit Beginn der Frühen Neuzeit an der wirtschaftlichen Nutzung der Wälder zum Zwecke möglichst hoher Einkünfte interessiert. Verbunden war damit zunächst die Erlangung der Kontrolle über den Wald, was insbesondere im späteren Verlauf des 18. und ab dem 19. Jahrhundert geschah. Feuer wurde dabei als schädliches Element und als grosse Gefahr für den Wald betrachtet. Die Folge daraus waren strenge Feuerungsreglemente oder gänzliche Verbote von Feuer im Wald.

Demgegenüber bediente sich die Landwirtschaft seit frühester Zeit dem Feuer als Werkzeug zur Bewirtschaftung landwirtschaftlicher Flächen, auch wenn daraus teilweise erhebliche und unkontrollierte Waldbrände resultieren konnten. Die traditionellen Feuerpraktiken der Landwirtschaft waren den Herrschaftsträgern allerdings stets ein Dorn im Auge und stiessen auch in der forstlichen Literatur mehrheitlich auf Ablehnung. Die Betonung der Waldbrandproblematik diente den Herrschaftsträgern als argumentatives Mittel bei der Verdrängung der Bauern aus den Wäldern. Auch die im Wald tätigen Gewerbe waren aufgrund ihrer oftmals mit Verbrennungsvorgängen verbundenen Produktion von den oben geschilderten Verdrängungstendenzen der Herrschaftsträger betroffen, allerdings nur bis zu einem gewissen Grad. Denn lange Zeit bestand eine starke Abhängigkeit des frühneuzeitlichen Wirtschaftssystems von den Erzeugnissen der Gewerbe im Wald.

Der tiefgreifende Strukturwandel im 19. Jahrhundert bewirkte einen grundlegenden Umbau vieler Wälder. Statt der Erzeugung von Brennholz wurde jetzt der Bau- und Nutzholzerzeugung oberste Priorität eingeräumt. Die Folge davon waren vielerorts grossflächig angelegte Nadelholz-Monokulturen. Gleichzeitig gingen aufgrund der vielfältigen Neuerungen durch die einsetzende Industrialisierung die traditionellen Waldnebennutzungen und die Gewerbe vielerorts deutlich zurück.

Bezüglich der Waldbrandthematik stellte sich mit der Eisenbahn jedoch ausgerechnet ein Symbolträger des neuen Fortschritts als besondere Gefahr für die Wälder heraus. Durch die mit dem Antrieb der Dampflokomotive verbundene Brennstoffverfeuerung konnten glühende Partikel über den Schornstein ins Freie gelangen. Führten Eisenbahnstrecken zudem durch Nadelholzbestände, bestand bei ungünstigen Windverhältnissen eine akute Waldbrandgefahr. In der Folge wurde versucht, das Gefahrenpotential mit technischen Verfahren an den Lokomotiven und mittels waldbaulichen Massnahmen zu minimieren. Besonders der letztgenannte Aspekt führte zu einer weitreichenden Debatte im forstlichen Schrifttum über den Nutzen von kahlgeschlagenen Flächen entlang der Bahnstrecken. Die Betrachtung zweier Rechtsfälle veranschaulichte schliesslich die konkreten Begleitumstände bei der Entstehung von Bränden im Wald aufgrund von Funkenwürfen aus Lokomotiven und strich zudem die in juristischer Sicht unterschiedlichen argumentativen Ausgangslagen zwischen den einflussreichen Eisenbahngesellschaften und den geschädigten Waldbesitzern hervor.

4 Gesellschaftliche Aspekte in Bezug auf Waldbrände

Bei der Analyse des dieser Arbeit zugrundeliegenden Quellenkorpus kann festgehalten werden, dass sich die Waldbrandthematik für die Zeit des 18. und 19. Jahrhunderts hauptsächlich in Form von forstspezifischem Quellenmaterial erhalten hat. In diesem wird mehrheitlich die Sicht und Rezeption von Forstfachleuten und Landesherrschaften wiedergegeben, welche den Diskurs über die Waldbrände bestimmten.

Es ist eine besondere Herausforderung, sich dem Thema Waldbrand auch in Bezug auf gesellschaftliche Aspekte zu nähern. Die forstbezogenen Quellen geben diesbezüglich nur über eine indirekte Lesart Informationen zu spezifischen gesellschaftlichen Gruppen und deren Handlungen preis. Die genauen Wortlaute von forstlichen Schriften, Forstordnungen oder Quellensammlungen zu Waldbrandereignissen vermitteln teilweise aufschlussreiche Hinweise auf den gesellschaftlichen Umgang mit Waldbränden ausserhalb des Wirkungsbereichs von Forstexperten und Landesherrschaften. Das abschliessende Kapitel ist dabei in zwei Themenkreise aufgeteilt, in denen das Phänomen Waldbrand in Bezug auf unterschiedliche gesellschaftliche Aspekte beleuchtet wird.

Im Unterschied zu Stadtbränden war die rasche Entdeckung und Bekämpfung von Waldbränden wesentlich häufiger vom Zufall abhängig. Die tragende Rolle bei der Entdeckung und vor allem der Bekämpfung nahm die ländlich-periphere Bevölkerung ein. Welche Gründe ausschlaggebend für den Entschluss eines Individuums oder einer Gruppe zum Löscheinsatz waren, wird in einem ersten Teil dieses Kapitels genauer betrachtet. Dabei wird einerseits sozioökonomischen Gründen, andererseits der Wirkung von kollektiv-gemeinschaftlichen Aspekten nachgegangen.

In einem zweiten Teil wird auf gesellschaftliche Ausschliessungstendenzen im 19. Jahrhundert und damit zusammenhängend auf die Rolle von Waldbränden in Bezug auf diese Entwicklungen eingegangen. Anhand des Problems der Massenarmut wird der rhetorische Wandel beleuchtet, welcher im Laufe des 19. Jahrhunderts die öffentliche Debatte prägte und auch Einfluss auf die Beurteilung der Waldbrandthematik hatte. Ein Rechtsfall aus dem Kanton Aargau im Jahr 1834 veranschaulicht, dass die sozialen Spannungen des 19. Jahrhunderts auch ihren Niederschlag in den auf Waldbrände Bezug nehmenden Quellen fanden.

4.1 Die Waldbrandbekämpfung aus der Perspektive der ländlich-peripheren Bevölkerung

4.1.1 Die tragende Rolle der ländlich-peripheren Bevölkerung bei der Waldbrandbekämpfung

Unabhängig von der Schaffung detaillierter Feuerbekämpfungsordnungen und der Erarbeitung effizienter und wirkungsvoller Löschstrategien im Laufe des 18. und 19. Jahrhunderts waren Herrschaftsträger und Forstexperten, vor allem aber das Forstpersonal auf lokaler Ebene stets auf die Verfügbarkeit und den Löschwillen der ausserstädtischen Bevölkerung angewiesen, wenn Feuer schnell, effizient und mit möglichst wenig Folgeschaden bekämpft werden sollten. Denn die städtische Feuerbekämpfung galt nur für einen eingeschränkten Bereich in Stadtnähe.[527]

Wie bereits in Kapitel 2.2.1.1 angedeutet, erfolgte längst nicht nach jedem Ausbruch eines Waldbrandes eine entschiedene und rasche Bekämpfung. Denn diese war oft von langer Dauer, arbeitsintensiv und vor der Schaffung moderner Feuerbekämpfungstechnik und professionell ausgebildeter Feuerwehren mit ernsthaften Gefahren verbunden.[528] Zudem war für die Bekämpfung grösserer Brände eine immense Löschmannschaft erforderlich, welche selten eine Dorfgemeinde alleine stellen konnte. Zwei für die rurale Bevölkerung handlungsleitenden Felder stehen in Bezug auf die Motivation zum Löscheinsatz besonders hervor. Der ökonomisch-existenzielle Blickwinkel eines Einzelnen oder einer Gemeinde und das Prinzip des ländlich-gesellschaftlichen Kollektivs mit einem ausgeprägten Solidaritätsgedanken.

---

[527] Vgl. Allemeyer 2007b: 37-42.
[528] Vgl. Dubler 2013.

4.1.2 Motivation zum Löscheinsatz aus dem ökonomisch-existenziellen Blickwinkel

Wie bereits erwähnt stellten die Waldnebennutzungen einen wichtigen Teil der traditionellen Landwirtschaft und der im Wald tätigen Gewerbe dar, bevor die tiefgreifenden Veränderungen im Umgang mit Wald und Holz im Zuge von Agrarmodernisierung und Industrialisierung einsetzten.[529] Mit dem Erlass umfangreicher Forstordnungen griffen im Verlaufe der Frühen Neuzeit die Herrschaftsträger zunehmend in die bäuerlichen und gewerblichen Waldnutzungsrechte ein. Gleichzeitig machte sich die Ausdehnung herrschaftlicher Kontrolle über den Wald auch anhand des Pflichtenkatalogs für die lokale Bevölkerung bemerkbar. Die Pflicht zur Feuerbekämpfung im Wald kann an dieser Stelle exemplarisch anhand der Forstordnung der Stadt und Republik Bern von 1786 gezeigt werden:

> „Sobald in einem Wald ein Brand ausbricht, soll in den nächstgelegenen Dorffschaften solcher durch die ordentlichen Sturmzeichen angezeigt werden; Unser Amtmann sich mit den Forstbedienten sogleich auf den Ort begeben, und die nöthigen Anstalten vorkehren; auch die bestellten Feuerläufer sich alsbald mit Bickel, Hauen, Schaufeln, Axten, und anderem nöthigen Werkzeuge dahin eilen; ein jeder getreuer Unterthan sich aber willig, vorsichtig, und gehorsam dabey einfinden, und erzeigen.“[530]

Zahlreiche forstliche Quellen aus dem 18. und 19. Jahrhundert ähnelten dem Wortlaut der Berner Forstordnung was das Feuerlärmen, das Einzugsgebiet der Löschmannschaft und die Ausrüstung derselben betrifft.[531] Wiederum stellt sich allerdings die Frage, inwiefern solchen Erlassen auch uneingeschränkt Folge geleistet wurde. Waren eigene Nutzungsbestände betroffen, war der Wille zum entschlossenen Löschen naheliegend, doch welche Beweggründe kamen bei der Bekämpfung fremder oder obrigkeitlicher Waldungen zum Tragen? Hinweise auf die Umgehung der vorgegebenen Löschpflichten können

---

[529] Vgl. Hasel, Schwartz ³2006: 197.

[530] Forstordnung für der Stadt Bern deutsche Lande 1786: 23.

[531] Vgl. etwa Lehmann 1699: 161-162.

etwa der Schrift Tobias Gabriel SCHEITBERGERS von 1793 entnommen werden:

> „[...] Auch dürfen keine Kinder geschickt werden, als welche leicht Schaden nehmen und doch nichts helfen können, sondern es müssen erwachsene Leute kommen. Die zur Löschung Erscheinenden müssen sogleich Hacken, Schauffeln, Aexte, Beile, Eimer, Stüzen, kleine Handsprüzen und andere zur Löschung dienende Instrumente mitbringen. Die Gerichtsherren, Schultheissen, Förster, Gemeindevorsteher und so fort weisen die zu Hülfe gekommene an, wo, und welchergestalt sie löschen sollen, treiben auch dieselben bey verspürter Trägheit zur Arbeit an.“[532]

Mit dem Schicken von Minderjährigen, dem Mitbringen einer ungenügenden oder mangelhaften Ausrüstung sowie trägem Verhalten bei den Löscharbeiten werden im oben zitierten Quellenausschnitt einige Hinweise auf mögliche Verweigerungshaltungen bei der Waldbrandbekämpfung gegeben, auch wenn SCHEITBERGER dies nicht mit konkreten Beispielen unterlegt. Jedenfalls enthielten Forstordnungen nicht selten umfassende Sanktionsmöglichkeiten, die im Falle der Verweigerung der Löschpflicht zur Anwendung kamen. Julius Bernhard von ROHR (1732) erläutert diesbezüglich Bestimmungen aus Preussischen Jagd- und Forstordnungen:

> „Da sich auch die Benachbarten und die Unterthanen selbst bey Löschung der Wald-Brände gar öffters so saumselig erweisen, so ist fernerhin in angezogener Preussischen Jagt- und Forst-Ordnung disponirt: Würden diejenigen, so die Hut- und Holzungen auf den Heiden haben, solches Feuer sehen, und dasselbe zu löschen sich nicht anschicken, noch solches ihren Nachbarn anzeigen, oder da es ihnen angezeigt würde, dennoch ungehorsam ausbleiben, sollen dieselben deswegen der Hut und Holzung fünf Jahr lang verlustig seyn, und sich derselben der Zeit über gänzlich enthalten, das Weyde-Geld aber, oder was sie statt dessen vor das Holzholen an Gelde zu entrichten haben, dennoch zu geben schuldig und gehalten seyn.“[533]

---

[532] Scheitberger ^{2}1793: 68.
[533] Rohr 1732: 99.

Der im obigen Quellenausschnitt festgehalte Verlust der Nutzungsrechte bedeutete für den einzelnen Bauern oder den Gemeindeverband den Entzug eines Teils ihrer ökonomischen Existenz. So stellten etwa die Waldnebennutzungen im landwirtschaftlichen Bereich traditionelle Reaktionsweisen auf strukturelle Knappheit dar. Die Wälder dienten in diesem Zusammenhang als Ausweichflächen während ökonomisch oder klimatisch schwierigen Verhältnissen.[534] Die von ROHR erwähnte, trotz dem Verlust der Nutzungsrechte weiterhin bestehende Abgabepflicht bedeutete dabei noch eine zusätzliche Belastung. Neben den ökonomischen Sanktionsmassnahmen war die Verweigerung zur Brandbekämpfung in den Preussischen Forstordnungen auch mit körperlichen Strafen verbunden, wie ROHR hinzufügt.[535]

Dass mit wirtschaftlichen Sanktionen gegenüber der ländlichen Bevölkerung beim Verweigern der Waldbrand-Bekämpfung die Träger der öffentlichen Gewalt insbesondere auch am Schutz der obrigkeitlichen Nutzholzbestände interessiert waren, macht eine Bestimmung in der Forstordnung von Basel aus dem Jahr 1755 deutlich:

> „[...] damit es von einem Theil des Waldes sich nicht einem andern schlage und ausbreite, und soll diese Feurfolge nicht nur in betref der Gemeinds- sondern auch der Particular[536] und unserer Hochwälderen und zwar wegen dieser letzteren bey Verlust des Weydrechts geleistet werden."[537]

Der Schluss liegt nahe, dass sich viele vom Wald abhängigen Nutzungsberechtigten angesichts solch einschneidender Konsequenzen zwangsläufig an allfälligen Löscharbeiten beteiligen mussten. Das Ausgreifen der Forstordnungen im Laufe der Frühen Neuzeit bedeutete für die einzelnen Waldnebennutzungs-Berechtigten also gleichzeitig die zunehmende Pflicht zur Bekämpfung von Waldbränden. Begründet werden kann diese Beobachtung anhand der Situation im Unterengadin des 18. und 19. Jahrhunderts, wo sich die ansässige Engadiner Be-

---

[534] Vgl. Pfister 1995: 315.

[535] Rohr 1732: 99: „Überdem ein jeder ausbleibender Unterthan 6 Stunden in Stock gespannt werden."

[536] Der Begriff ‚Partikularwald' ist dabei gleichbedeutend mit dem Ausdruck ‚Gemeindewald'.

[537] Hochfürstlich-baslische Wald- und Forst-Policey Ordnung 1755: 39.

völkerung wiederholt weigerte, bei Waldbränden in Grenznähe oder jenseits der Tiroler Staatsgrenze Hilfe zu leisten.[538] Laut Walter GRABHERR sei dieses Verhalten im 18. Jahrhundert sehr häufig aufgetreten und hätte gewissermassen einer Zeiterscheinung entsprochen.[539] Die Weigerung zur Hilfe kann jedoch auch unter dem Aspekt betrachtet werden, dass die Landesgrenze zugleich die Grenze des eigenen Rechtsraums darstellte. Für die Engadiner Bevölkerung bestand unter diesem Gesichtspunkt schlicht kein Motiv zur Löschpflicht, da sie auch keine unmittelbaren strafrechtlichen Sanktionen zu befürchten hatten.

Es ist anzunehmen, dass sich die gesetzlichen Bestimmungen zur Löschpflicht mit den Transformationsprozessen in Bezug auf die Waldnutzung veränderten, denn die Waldnebennutzungen wurden insbesondere im Laufe des 19. Jahrhunderts zunehmend aus den Wäldern verdrängt.[540] Vielerorts wurden die aus den Forstordnungen stammenden Bestimmungen aber auch in die Forstgesetzgebungen des 19. Jahrhunderts übernommen, wie Adam SCHWAPPACH 1894 bemerkt:

> „Da zur Löschung ausgebrochener Waldbrände nur schwer die nötigen Hilfskräfte aufgeboten werden können, so besteht in vielen Staaten (Preussen, Meiningen, Baden, Oesterreich, Russland usw.) eine gesetzliche Verpflichtung zur Hilfeleistung für die Bewohner aller umliegenden Ortschaften; insbesondere sind hierzu bisweilen die Nutzungsberechtigten verpflichtet."[541]

Trotz der technischen Errungenschaften und der Herausbildung von Feuerwehren im Verlauf des 19. Jahrhunderts blieben die Forstadministrationen in vielen Regionen Europas bis ins 20. Jahrhundert bei der Bekämpfung von Waldbränden in peripheren Lagen vom Einsatz der lokalen Bevölkerung abhängig.

---

[538] Grabherr 1947: 463 führt diesbezüglich einen Brand an der Grenze zum Tirol aus dem Jahre 1777 an, welcher auf der Engadiner Seite seinen Ursprung nahm. Auch auf mehrmalige Bitten von Seiten der Tiroler Gemeinden war die Engadiner Bevölkerung nicht bereit, sich an den Löscharbeiten zu beteiligen.

[539] Vgl. ebd.: 465.

[540] Vgl. etwa Grossmann 1948: 385-387 für die Entwicklung der Forstgesetzgebung in der Schweiz.

[541] Schwappach 1894: 282.

4.1.3 Das dörfliche Kollektiv in Verbindung mit der Motivation zum Löscheinsatz

Neben den gesetzlichen Vorschriften zur Löschpflicht bestand in vielen ausserstädtischen Gebieten durch die Einbindung der Bauern in ein dörfliches Kollektiv auch eine gesellschaftlich-soziale Komponente, welche bei der Motivation zur Löschung von Waldbränden mitspielte.

Die Grundlage dazu bildeten die gemeinsamen Interessen der dörflichen Gemeinschaft in der Frühen Neuzeit. Entscheidend war die Regelung des landwirtschaftlichen Betriebs, der beispielsweise die Nutzung gemeinsamer Infrastruktur und kollektiver Agrarflächen[542] umfasste.[543] Aber auch indirekt mit der ländlichen Ökonomie in Zusammenhang stehende Aspekte wie der Schutz vor Naturgefahren erforderte eine grundlegende Solidarität unter den Dorfbewohnern. Ernteausfälle konnten die dörfliche Versorgungssituation rasch an ihre Grenzen bringen.[544] Dabei bestand in den ländlich-peripheren Gebieten eine gewisse Autonomie, was die soziale, ökonomische und politische Organisation betraf. Gemeindeausschüsse waren verantwortlich für die Einhaltung der Regelungen und Bestimmungen des Dorfrechtes und nahmen als Aufsichtsorgan der Gemeinde auch polizeiliche Aufgaben wahr.[545] Trotz der zuweilen engen Bindungen war die dörfliche Gemeinschaft auf sozialer Ebene aber keineswegs homogen gegliedert, sondern wies wie die städtischen Gemeinschaften eine ausgeprägte gesellschaftliche Schichtung auf.[546]

Die Obrigkeit war auf das Funktionieren und die Aufrechterhaltung der dörflichen Ordnungen angewiesen, da auch sie in Abhängigkeit

---

[542] Besonders die Allmenden stellten bis ins 19. Jahrhundert für den Landwirtschaftsbetrieb zentrale, kollektiv bewirtschaftete Wald- und Weideflächen dar. Vgl. Braun 1984: 94-95.

[543] Vgl. van Dülmen 1992: 45.

[544] Vgl. Kaschuba 1982: 10-21.

[545] Vgl. van Dülmen 1992: 48-49.

[546] Schorn-Schütte 2009: 77-78: „Eine kleine Oberschicht, die so genannte Dorfehrbarkeit, war wohlhabend und in den Grenzen des Dorfes politisch einflussreich. Zur Mittelschicht gehörten die Bauern, die genug erwirtschafteten, um ihre Familien zu ernähren und in kleinerem Umfang Überschüsse auf dem Markt anzubieten. Die Unterschicht umfasste all diejenigen, die keinen eigenen Hof hatten und sich als Tagelöhner oder mit Hilfe anderer Dienste ernähren mussten."

von den landwirtschaftlichen Erzeugnissen stand. Zudem bestanden weitere Interessen, wie etwa der Schutz der obrigkeitlichen Hochwälder. Im Verlaufe der Frühen Neuzeit begann zwar die bestehende Autonomie der Dörfer durch das Ausgreifen herrschaftlicher Strukturen auf den ländlichen Raum zu schwinden, laut Richard VAN DÜLMEN hatte dies aber lange Zeit wenig Einfluss auf das Prinzip der Solidargemeinschaft innerhalb des dörflichen Kollektivs.[547]

Anhand überlieferter Quellenbestände eines Brandes in der Nähe der Ortschaft Adligenswil im Kanton Luzern sollen im Folgenden Elemente des dörflichen Kollektivs bei der Bekämpfung von Waldbränden genauer betrachtet werden.

Ein Ortsansässiger, der sich in der Nähe der Brandstelle aufhielt, entdeckte den in der Waldung an der Kantonsgrenze zu Schwyz ausgebrochenen Brand, wie der Bericht des Gemeindeammanns festhält.[548] Es folgte die schnelle Verbreitung des Unglücks:

> „So gleich begab er sich in udligensweiler Wald auf im anhöche wuosse so viel er möchte, nachhär eilte er nächer gägen Adligenswil, da begägneten ihm Melchior [?] und Josef Henseller. Der Henseller eilte nach Udligenswil in die Kirchen und berichte dem Hohe Herren, augenblicklich macht der hoh Herr die brunst bekannt – ja läuft alles wase nur laufen kann der brunst zu, da sah man dass das Feur stark wüötete, dass Volk mehrte sich und srüwen die [?] von hie wäg, und sluogen mit [?] dass Feur, möchten dass Feur in kurzer Zeit dämmen [...].“[549]

Der Zusammenhalt des dörflichen Kollektivs war durch mehrere hervorstehende Persönlichkeiten geprägt. Der Pfarrer als Vertreter des geistlichen Standes nahm dabei eine besondere Rolle innerhalb der Dorfgemeinschaft ein, da er lange Zeit als einziger über eine höhere Bildung verfügte und im Gegensatz zu den Bauern auch ausserhalb

---

547 Vgl. van Dülmen 1992: 47-56.

548 Bericht Gemeindeamman Adligenswil, 20.05.1819, StALU [Staatsarchiv Kanton Luzern], AKT 24/20 C: „Ein kurzer Bericht über die [...] in dem Ehrlischachen Wald aussgebrochen sröckliche Feurs Brunst, unter dem nach mit tägigem Godtes, auch Kasper Keiser auf der Krey welcher dort dass Hauss gaumet, dass in der Waldung starker Rauch auf ging, worauf er sich in der Eil an Ort und Stel begab, wo er dort an kam sach er dass der Wald in brand wahn.“

549 Ebd.

des dörflichen Umfeldes verkehrte.[550] Zudem übte die Kirche einen starken Einfluss auf die Mitglieder der Gemeinde aus, wie der obige Quellenausschnitt verdeutlicht. Die Aufforderung zum Löscheinsatz während des Gottesdienstes war im Beisein der Gemeinde nicht auszuschlagen, womit das Prinzip der Solidargemeinschaft zum Tragen kam. Aufgrund der umfangreichen, länger andauernden Brandbekämpfung und dem drohenden Übergriff auf benachbarte Gemeindewaldungen übernahm die Regierung in Luzern schliesslich die Leitung der Löscharbeiten.[551] Dabei beteiligten sich auch Nachbargemeinden an der Brandbekämpfung, wie ein Ausschnitt aus dem Verhandlungsprotokoll des ‚täglichen Rates' in Luzern zeigt:

> „[...] so dürfe auch nicht übergangen werden, dass unter allen Gemeinden, deren abgeordnete Mannschaft mit gleicher rastlosen Anstrengung, werkthätige Hülfe geleistet haben, noch insbesonders Udligenswyl auszeichnende Erwähnung verdienen, und allvoderst daselbst Kasper Keiser auf der Krey, welcher den Brand zuerst wahrgenommen, dahin eilte, und die grosse Gefahr einsehend, ebenso schleünig zur Hülfe Aufrufung zurückkehrte, denn der dortige ohnehin schon vielfach verdiente Herr Pfarrer, der auf den nahen Feuerlärm den Nachmittägigen Gottesdienst, zu dem das Volk versammelt war, sogleich aufhob, und mit dem grössten Theil seiner Pfarrkinder selbst zur Brandstätte eilte, wo er durch Aneiferung der Mannschaft und durch selbst eigene, unerschrockene Handanlegung zum löschen, das schönste, aufmunternde Beyspiel männlichen Muthes und Entschlossenheit lieferte."[552]

---

[550] Vgl. van Dülmen 1992: 52-53.

[551] Verhandlungsprotokoll des täglichen Rates der Stadt und Republik Luzern, 28.05.1819, StALU, AKT 24/20 C: „Der Polizeyrath macht den Vortrag, nachdem durch einen Eilbothen [...] die Anzeige gethan worden seye, dass ein Waldbrand im sogenannten Ehrlischachen, Bezirks Küssnacht, Kanton Schwyz entstanden, der bey dem heftig wehenden Föhnwind seine verheerende Ausbreitung in den nahen Adligenzwyler Wald befürchten lasse, insofern nicht znelle Hülfe erfolge, habe sich der Polizeyrath auf der Stelle versammelt, und ungesäumt die nöthige Mannschaft von hier unter der Leitung des Herrn Stross Unterinspektors Weingartens auf die Brandstätte abgesandt [...]."

[552] Ebd.

Das in obigem Quellenausschnitt ausgedrückte, ausschweifende Lob der Regierung in Luzern kann diesbezüglich aber auch als Strategie angesehen werden, um Anreize für die Motivation zur Löschbekämpfung zu schaffen. Denn im Gegensatz zu den im Kapitel 4.1.2 erläuterten Sanktionsmassnahmen auf ökonomischer Ebene wurde mit Belohnungsmassnahmen auch Einfluss auf das dörfliche Kollektiv ausgeübt. Die zu diesem Zweck verfügten Massnahmen verdeutlichen dies:

> „An den Herrn Pfarrer und die Gemeinde Udligenschwyl soll unmittelbar von der Regierung aus ein Belobungsschreiben erlassen, und denselben darinn das hoheitliche Wohlgefallen über ihr nämliches Benehmen bezeugt werden; wobey zugleich dem Kasper Keiser aus dem Krey als eine aufmunternde Belohnung acht Franken aus der Stadtkasse abgereicht werden sollen."[553]

Neben den Lobbekundungen enthält die Verfügung der Luzerner Obrigkeit auch die Abstrafung eines gewissen Andreas Henselers, der sich an der Beteiligung der Feuerbekämpfung geweigert haben soll:

> „Endlich wird auch bemerkt: Es habe sich ein einziger durch trotzenden Ungehorsam strafbar gemacht, nämlich Andreas Henseler, welcher ungeachtet wiederholter Aufforderung ab Seite des Gemeindeammans von Adligenschwyl nicht zur Brandstätte abgegangen seye. [...] Zur Beahndung seines ungehorsamen Betragens im Augenblick dringender Noth seye [...] Andreas Henseler dem betreffenden Polizeygericht zu verzeigen."[554]

Abgesehen von der Veranlassung eines Rechtsverfahrens waren mit der Löschverweigerung eines Einzelnen auch Konsequenzen in gesellschaftlich-sozialer Hinsicht verbunden. Das Ausscheren aus dem Prinzip der Solidargemeinschaft und die mehrmalige Widersetzung gegenüber den Anweisungen des Gemeindeammanns dürfte den sozialen Rückhalt und Status des betreffenden Gemeindemitglieds geschmälert haben. Belohnungs- und Bestrafungssystematiken der Obrigkeit im Zusammenhang mit der Löschbereitschaft der Untertanen bei Bränden im Wald konnten sich in diesem Sinne auch auf die gesellschaftliche Stellung eines Individuums auswirken.

---

[553] Ebd.

[554] Vorschlag des Polizey Raths, 27.05.1819, StALU, AKT 24/20 C.

4.2 Gesellschaftliche Ausschliessungstendenzen in Verbindung mit Waldbrandereignissen

4.2.1 Rhetorischer Wandel zur Waldbrandthematik in den Quellen des 19. Jahrhunderts

Mit dem einsetzenden 19. Jahrhundert fallen in den Passagen der forstlichen Schriften die zunehmende Professionalität, Sachlichkeit und Rationalität in der Auseinandersetzung mit Bränden im Wald auf.[555] In zunehmendem Masse veränderten sich die Schriften jedoch in ihrer Rhetorik über den Ursprung anthropogen verursachter Waldbrände. Ein Beispiel dafür kann der Schrift Christoph EGERERS von 1812 entnommen werden, die als eine von mehreren Ursachen für die Entzündung von anthropogen verursachten Bränden im Wald folgendes angibt: „Durch Vagabunden und herumziehendes Gesindel, welches sich in den Wäldern bei angezündeten Feuern lagern."[556] Zur Behebung dieses Missstandes rät er dem Forstpersonal im Wald daher: „Keine Duldung des herumziehenden Gesindels in den Wäldern. Die Vollmacht der Forstbedienten dergleichen Vagabunden zu arretiren giebt dieser Massregel volle Wirksamkeit."[557] Zwar wurden bereits im forstlichen Schrifttum des 18. Jahrhunderts „Vagabunden und Bettler"[558] gelegentlich für die Entzündung von Bränden im Wald verantwortlich gemacht, auffällig ist allerdings die quantitative Zunahme der Verweise auf unter- und ausserständische Sozialgruppierungen als verursachendes Element. Zudem wurde dieser Vorwurf vielfach spekulativ erhoben, wie ein Waldbrand-Bericht aus dem Jahr 1840 aus der luzernischen Gemeinde Eschenbach zeigt:

> „Laut einer vom Gemeindeamman von Eschenbach mir gemachten Anzeige ist am 3. Diess Nachmittags 3 Uhr ein dem Ulrich Bammert und den Gebrüdern Estermann von Eschenbach zugehörigen Tannenwald, Kühholzwald genannt, in gleicher Gemeinde liegend, in Brand gerathen, und davon zirka 1½ Jucharten abgebrannt. Über die Entstehung dieses Brandes waltet keine andere Muthmassung ab, als dass wahrscheinlich Va-

---

[555] Vgl. Hasel, Schwartz [3]2006: 334.

[556] Egerer 1812: 161.

[557] Ebd.

[558] Vgl. Gesellschaft Forstmänner und Jäger 1796: 586.

ganten in diesem Walde Feuer gemacht haben müssen. Dieser Wald solle von keinen [sic] grossen Wert gewesen sein und fast alles kleine Tannlein enthalten haben."[559]

Die Forstbeamten vor Ort wurden im Zusammenhang mit solchen Verdachtsfällen stets dazu angehalten, ein wachsames Auge auf die sich in den Wäldern aufhaltenden Gruppierungen zu haben, wie ein Aufruf des Regierungsrates des Kantons Bern aus dem Jahr 1840 veranschaulicht:

> „Aus verschiedenen uns zugekommenen Berichten haben wir entnommen, dass in der jüngsten Zeit sowohl im Gebiete der Republik, als in mehreren benachbarten Kantonen, auffallend viele und zum Theil beträchtliche Waldbrände stattgefunden haben [...]. Den sämmtlichen mit der Handhabung der Polizei beauftragten Beamten machen wir es zur besondern Pflicht, auf jede Erscheinung sorgfältig zu achten, welche Besorgnis von Feuersgefahr einflössen könnte, die bestehenden Forstgesetze strenge zu handhaben, und eben so streng auf die Klasse der fremden und einheimischen Vagabunden, die sich von aussen her über die Grenze drängen und ihr Quartier sehr oft in wenig betretenden Wäldern aufschlagen, wachsam zu sein und die fremden sofort aus dem Kanton zu weisen."[560]

Die von Misstrauen und Ablehnung geprägte Rhetorik, die sich in den obigen Quellenausschnitten offenbart, kann mit einer nachhaltigen Veränderung der Gesellschaftsordnung im 19. Jahrhundert in Verbindung gebracht werden.

Wiederum trugen vielfältige Faktoren zu diesem gesellschaftlichen Transformationsprozess bei. Der allmählich einsetzende Strukturwandel[561] sowie die damit verbundene Liberalisierung der Wirtschaft im 19. Jahrhundert ermöglichte die Verbreitung der industriellen Massenproduktion, auch wenn dies räumlich zunächst noch punktuell geschah.[562] In sozioökonomischer Hinsicht hatte diese Entwicklung al-

---

[559] Bericht des Amtstatthalters an die Polizeidirektion des Kantons Luzern, 08.05.1840, StALU, AKT 24/20 C.
[560] Aufruf hinsichtlich der Waldbrände 1840: 70-71.
[561] Siehe oben Kapitel 3.3.1.
[562] Vgl. Walter ^{5}2011: 90-92.

lerdings weitreichende Folgen, denn gegen Ende des 18. Jahrhunderts sicherten sich grosse Teile der ländlichen Bevölkerung ihre Existenz durch traditionelle Heimarbeit. Durch die Verbreitung der Fabriken wurde diese Produktionsweise jedoch immer unrentabler, weshalb viele Heimarbeiter ihre ökonomische Existenzgrundlage verloren.[563] Zu dieser Entwicklung traten im 19. Jahrhundert wie bereits erwähnt ein starkes Bevölkerungswachstum und die Modernisierung und Effizienzsteigerung der Landwirtschaft, was den gesellschaftlichen Druck zusätzlich erhöhte.[564]

Die Folge dieses Prozesses war eine rasch wachsende Schicht arbeits- und mittelloser Menschen, die bis weit in die zweite Hälfte des 19. Jahrhunderts Bestand hatte.[565] Die Gemeinsamkeit dieser äusserst heterogenen Gruppe[566] war eine aus ursprünglich wirtschaftlichen Gründen verursachte Mobilität,[567] welche aber vielerorts auch aufgrund der landesherrschaftlichen Sozialpolitik geschürt wurde. Durch die Kriminalisierung der Armut wurde den Betroffenen eine äusserst repressive Haltung entgegengebracht, die nicht selten mit der Überforderung vieler Regierungen bei der Lösung des Armenproblems in Zusammenhang stand.[568] Das Resultat waren sich gegenseitig verstärkende Effekte von Armut, Heimatlosigkeit und Kriminalität. Dass das Problem auch grenzüberschreitenden Charakter hatte, kann der folgenden Zeitungsmeldung entnommen werden, welche die Situation im Basler Laufental im Juni des Jahres 1838 schildert:

> „Unser Thal wird von einer unzähligen Masse Vagabunden beiderlei Geschlechts heimgesucht. In dem Gemeindsbezirk Burg, an der französischen Grenze, traf man des Nachts gegen 33 Personen im Walde um ein Feuer gelagert an. Am Tage durchziehen sie die Gebirge, suchen einzelne Höfe und Hütten heim, und

---

[563] Vgl. Braun 1984: 110-142 für einen umfassenden Überblick über die gewerblich-verlagsindustriellen Verhältnisse vor dem 19. Jahrhundert im ausgehenden Ancien Régime in der Schweiz.

[564] Siehe oben Kapitel 3.3.1.

[565] Vgl. Schnegg 2007: 233; Epple, Schär 2010: 180-182.

[566] Vgl. Gschnitzer, Koselleck, Wagner 1992: 277-281, welche genauer auf die Zusammensetzung dieser unter- und ausserständischen Sozialgruppierungen eingehen.

[567] Vgl. Lehnert 2011: 91.

[568] Vgl. Schnegg 2012; Witschi 1992: 837-846.

> dringen, vom Hunger und Elend getrieben, selbst in unsere Ortschaften ein und suchen Nahrung. Auf allen Nebenwegen findet man des Nachts von diesem Gesindel [...]. Sie sind für unsere Gegend auch darin gefährlich, dass sie des Nachts große und zahlreiche Feuer in den Waldungen anzünden und bei dem geringsten Geräusche dieselben verlassen, ohne sie zu löschen, was leicht einen Waldbrand veranlassen könnte."[569]

Es wird an Berichten wie diesen deutlich, dass das Problem der verbreitenden Armut und der damit in Zusammenhang stehenden Kleinkriminalität als erhebliche Bedrohung wahrgenommen wurde. Der Verweis auf die Waldbrandproblematik ist in diesem Sinne als ein argumentativer Bestandteil der Ausschliessungspraktiken zu sehen und bewirkte die Forderung nach strengen Kontrollen von Seiten des Forstpersonals in den Wäldern und strikter Wegweisungen.

4.2.2 Der Waldbrand von Berikon 1834

Die Betrachtung eines Einzelfalls soll abschliessend noch einmal die Handlungsweisen verdeutlichen, welche von Seiten der Öffentlichkeit gegenüber Armen und Heimatlosen praktiziert wurden. Dass innerhalb der Kategorie der Heimatlosen bezüglich deren Ehrbarkeit und Tüchtigkeit ein äusserst breites Spektrum bestand, spielte dabei oftmals keine Rolle. Kriminelle wurden nach dieser Auslegung ehrlichen Leuten gleichgestellt, die sich mit kleineren Handwerksarbeiten durchaus über Wasser halten konnten. Ausschlaggebend für die Kategorisierung war stets das fehlende Heimatrecht.[570]

Durch Arme und Heimatlose verursachte Brände im Wald bestätigten dabei das von der öffentlichen Meinung geschürte, negativ konnotierte Bild dieser unter- und ausserständischen Sozialgruppierungen und führten vielfach zu einer strengen rechtlichen Handhabung. Exemplarisch kann dies anhand eines Falls aus dem Kanton Aargau im Jahr 1834 verdeutlicht werden, der im Folgenden kurz umrissen wird.

---

569 Vagabunden im Lauffenthal 1838: 57.
570 Vgl. Wullschleger 1978: 107-108.

Der Waldbrand ereignete sich am 25. März 1834 und wurde durch eine umherziehende, heimatlose Familie verursacht, wie aus dem Schreiben des Gemeinderats von Berikon hervorgeht:

> „Freytags den 21. dies [März], Nachmittags ungefehr um 2 Uhr, entstuhnd in unserem Gemeindewalde, Grosshau genannt, ein furchtbarer Brand, welcher innert 3 oder 4 Stunden einen grossen Theil dieses Waldes, wenn auch nicht gänzlich verzehrte, doch die jungen emporstrebenden Tannen u[nd] Laubholz gänzlich verdarb. [...] Dieser Brand entstand durch Bosheit oder Verwahrlosung einer Vagabunden Familie, die in diesem Walde ihr Lager aufgeschlagen hatte."[571]

In der Folge ersuchte die Gemeinde bei der Regierung in Aarau um Unterstützung[572] für die durch das Feuer verbrannten Waldbestände. Laut dem Schreiben des Gemeinderats soll die Schadenssumme „mehrere tausend Franken"[573] betragen haben. Der Wortlaut des Bittgesuchs zeichnet dabei ein entsprechend schlimmes Bild der Situation:

> „Bedenken Sie nun Hochgeachte Herren! in welche Verlegenheit u[nd] Bestürzung wir gekommen sind, da unsere ohnehin schon holzdürftige Gemeinde noch dürftiger geworden ist, u[nd] zwar mitten in einem Zeitalter, wo die ärmsten Familien u[nd] mithin auch mit diesen ihre Bedürfnisse [sich] jährlich mehren."[574]

Da gemäss den gesetzlichen Verordnungen auch im Kanton Aargau das Feuern im Wald untersagt war,[575] wurden sämtliche Mitglieder der betreffenden Familie einem umfangreichen Verhör unterzogen. Aus den Protokollen wird ersichtlich, dass der Brand keineswegs beabsich-

---

[571] Bericht des Gemeinderates Berikon, 25.03.1834, StAAG [Staatsarchiv Aargau], R01.F09/0013, zitiert nach Wullschleger 1978: 89.
[572] Ebd.: 90: „Sie möchten die Güte und Grossmuth haben, unsere schwer getroffene niedergebeugte Gemeinde mit einer Beisteuer aufzuhelfen."
[573] Ebd.: 89.
[574] Ebd.
[575] Vgl. Verfügung des Bezirksamtes, 26.03.1834, StAAG, R01.F09/0013, zitiert nach Wullschleger 1978: 101.

tigt war, sondern vielmehr aus unglücklichen Umständen hervorging.[576]

Gemässigt gegenüber den Brandverursachern zeigte sich der Bezirksamtmann Seiler, aus dessen Mitteilung an die Regierung in Aarau gar Verständnis für die problematische Situation vieler Armer und Heimatloser hervorgeht:

> „Da sich aus der vorstehenden Untersuchung ergibt, dass dem durch die heimathlose Familie Bohni verursachten Brande des Gemeindwaldes von Berikon keine boshafte Handlung zum Grunde liegt [...] indem die von der Polizei aller Staaten verfolgten unglücklichen Heimathlosen genöthigt sind, zur Erhaltung ihres Lebens an verborgenen Orten, namentlich in Wäldern, Feuer anzumachen [...].“[577]

In der Tat war der Nichtbesitz eines Heimatrechts immer mit einem fehlenden Rechtsstatus verbunden, da sich das Staatsbürgerrecht in den Kantonen zumeist aus dem Bürgerrecht in einer Gemeinde ableitete. Die Heimatlosen konnten so weder Armenfürsorge beanspruchen, noch Niederlassungs- oder Nutzungsrechte in einer Gemeinde geltend machen.[578] Die in den Quellen geschilderte Waldbrandproblematik in Verbindung mit Armen und Heimatlosen war insofern naheliegend, dass diesen aufgrund der gesellschaftlichen Verdrängung vielfach nur der Aufenthalt in Wäldern oder an anderen entlegenen Orten übrigblieb.

Bezüglich des Waldbrandes in Berikon förderte die Expertise des zuständigen Forstinspektors Erstaunliches zutage. Im Gegensatz zu dem von der Gemeinde veranschlagten Betrag berechnete der Forstinspektor eine Schadenssumme von 356 Franken.[579] Entsprechend abschlägig und knapp wurde deshalb das Unterstützungsgesuch der Gemeinde

---

[576] Vgl. Verhör mit Fidel Bohni, 24.03.1834, StAAG, R01.F09/0013, zitiert nach Wullschleger 1978: 91-97.

[577] Verfügung des Bezirksamtes, 26.03.1834, StAAG, R01.F09/0013, zitiert nach Wullschleger 1978: 101.

[578] Vgl. Wolfensberger 2007.

[579] Vgl. Expertenbericht, 14.05.1834, StAAG, R01.F09/0013, zitiert nach Wullschleger 1978: 102.

Berikon behandelt, wie aus dem Schreiben des Regierungsrates an das Bezirksamt Bremgarten hervorgeht:

> „Dass wir Uns bei der Geringfügigkeit des Betrages des durch den Waldbrand zu Berikon verursachten Schadens nicht bewogen gefunden, dem Unterstützungsgesuche der Gemeinde zu entsprechen, wollen Sie derselben anzeigen."[580]

Es kann daraus abgeleitet werden, dass die Gemeinde Berikon den durch den Waldbrand verursachten Schaden absichtlich zu hoch ansetzte. Das Waldbrandereignis und die damit in Zusammenhang stehende Verursachung durch herumziehende Heimatlose wurden damit gezielt als Instrument zum Zwecke von Eigeninteressen missbraucht. Täter und Opfer zugleich stellte in diesem Fall die heimatlose Familie dar, welche in der Folge den Kanton verlassen musste, was dem üblichen Vorgehen entsprach und zudem gesetzliche Vorschrift war.[581]

4.3 Zusammenfassung

Der ländlich-peripheren Bevölkerung kam eine tragende Rolle bei der Waldbrandbekämpfung zu, die im Falle grösserer Brände meist einer zahlenmässig umfangreichen Löschmannschaft bedurfte. Allerdings war dafür zunächst die Motivation der ausserstädtischen Bevölkerung zum Löschen erforderlich, was keine Selbstverständlichkeit darstellte. Bei Bränden in fremden oder obrigkeitlichen Wäldern, die nicht Teil des eigenen Nutzungsgebietes darstellten, ging die Motivation zur Waldbrandbekämpfung über das direkte Interessensfeld einzelner Individuen oder Gemeindeverbände hinaus. Die Pflicht zur Bekämpfung von Waldbränden wurde in vielen Forstordnungen, später auch in zahlreichen Forstgesetzgebungen, festgehalten. Hinweise in forstlichen Quellen geben Aufschluss darüber, dass zuweilen versucht wurde, diese Löschpflicht zu umgehen. Zu diesem Zweck hielten die Forstordnungen entsprechende Sanktionsmöglichkeiten bereit, die für den Säumigen vielfach mit dem Entzug der Nutzungsberechtigungen an Wald und Weide verbunden waren.

---

[580] Regierungsrat an das Bezirksamt Bremgarten, 30.05.1834, StAAG, R01.F09/0013, zitiert nach Wullschleger 1978: 104.
[581] Vgl. Wullschleger 1978: 105-106.

Die Bauern waren zudem in ein dörfliches Kollektiv eingebunden, welchem das Prinzip der Solidargemeinschaft zugrunde lag. Auf das einzelne Individuum konnte ein erheblicher sozialer Druck ausgeübt werden, wenn es aus diesem Solidaritätsprinzip ausscherte. Belohnungs- und Bestrafungssystematiken im Zusammenhang mit der Bekämpfung von Waldbränden trugen so nicht nur auf materieller, sondern auch auf sozialer Ebene dazu bei, dass sich der Einzelne nicht gegen die Gemeinschaft stellte.

In den Quellen des 19. Jahrhunderts zur Waldbrandthematik ist in zunehmendem Masse ein rhetorischer Wandel zu beobachten, was den Umgang mit unter- und ausserständischen Sozialgruppierungen angeht. Hintergrund dieser Entwicklung bildete der im 19. Jahrhundert erfolgte Strukturwandel, als dessen Folge sich zahlreiche Heimarbeiter gezwungen sahen, ihre Beschäftigung und somit ihre Existenzgrundlage aufzugeben. Dazu trat ein kontinuierliches, starkes Bevölkerungswachstum und die Modernisierung und Effizienzsteigerung der Landwirtschaft. Die Folge davon war die Bildung einer äusserst heterogenen Schicht von Armen und Heimatlosen, welche von den überforderten Regierungen systematisch kriminalisiert wurden.

Es stellte sich der paradoxe Zustand ein, dass die oben genannten unter- und ausserständischen Sozialgruppierungen einerseits als Verursacher von Waldbränden dargestellt wurden, diese andererseits als Folge der gesellschaftlichen Ausschliessungstendenzen aber zugleich keine andere Wahl hatten, als sich in entlegenen Gebieten oder in Wäldern aufzuhalten. Das Beispiel des Waldbrandes von Berikon 1834 verdeutlicht zudem den vorsätzlichen Missbrauch dieser Ausgangssituation. Der durch die heimatlose Familie verursachte Waldbrand wurde gezielt als Instrument zum Zwecke von Eigeninteressen verwendet. Im Kontext der Ausschliessungstendenzen von Randgruppen im 19. Jahrhundert diente die Betonung der Waldbrandproblematik zumindest im Falle des Waldbrandes von Berikon im Jahre 1834 als Mittel dieses Verdrängungsprozesses.

5 FAZIT UND AUSBLICK

Die Erschliessung der Waldbrandthematik auf umwelthistorischer Ebene war das erklärte Ziel der vorliegenden Arbeit. Dabei wurden unterschiedliche Themenfelder in Bezug auf den Umgang mit dem Phänomen Waldbrand unter Berücksichtigung der diskursanalytischen Methode beleuchtet. Während sich das zweite Kapitel dem fachspezifischen Diskurs über die Waldbrandthematik innerhalb des forstlichen Gelehrtenkreises annahm, ermöglichten das dritte und vierte Kapitel mit dem Einbezug wirtschaftlicher und gesellschaftlicher Aspekte im Zusammenhang mit der Waldbrandthematik Bezugnahmen zur allgemeinen Wirtschafts- und Sozialgeschichte sowie die Erweiterung des Spektrums der am Diskurs partizipierenden Akteure.

Den Ausgangspunkt bei der Betrachtung der Waldbrandthematik bildete der Diskurs innerhalb des forstlichen Gelehrtenkreises über die Erforschung, Bekämpfung und Verhütung von Feuer im Wald. Besonders in Bezug auf die Auseinandersetzung mit den natürlichen Ursachen und der Dynamik von Waldbränden machte sich an der Wende zum 19. Jahrhundert ein deutlicher Wandel bemerkbar. Neue Erkenntnisse der naturwissenschaftlichen Forschung wurden von den Forstexperten des 19. Jahrhunderts aufgegriffen und der Zusammenhang zur Waldbrandthematik hergestellt. Diese differenzierte Betrachtungsweise führte nebst der Widerlegung der traditionellen Lehren aus Chemie und Physik zu einer vermehrten Rückbesinnung auf den zumeist anthropogenen Ursprung von Waldbränden und zu einem deutlich umfangreicheren Katalog an Massnahmen zur Bekämpfung derjenigen.

Trotzdem war der Diskurs über die Waldbrandbekämpfung von hoher Kontinuität geprägt, was die grundsätzlichen Massnahmen der Brandbekämpfung betrifft. Im gesamten untersuchten Zeitraum wurde dem Feuer im Wald nach denselben Prinzipien der Dämmung und der Verhinderung seiner weiteren Ausbreitung begegnet und dabei stets die Bedeutsamkeit der nachfolgenden Observation der Brandfläche unterstrichen. Unterschiede bestanden hingegen bezüglich der Löschung grösserer Feuer und Gipfelbrände. Während etwa die streifenweise Fällung von Teilen des Waldbestandes bereits im 18. Jahrhundert als wirksame Gegenmassnahme propagiert wurde, entbrannten unter den Forstfachleuten des 19. Jahrhunderts über bestimmte Bekämpfungsmassnahmen mancherlei Kontroversen. Ein Beispiel dazu bildete die vorsätzliche Anlegung von Feuer zur Waldbrandbekämpfung. Während einige Experten das kontrollierte Gegenfeuer als die einzige Möglichkeit der Dämmung grösserer Brände betrachteten, taten es andere als höchst gefährliche und unwirksame Vorgangsweise ab.

Hinsichtlich der Verhütung von Waldbränden stellte die grundlegende Mahnung an einen äusserst vorsichtigen Umgang mit offenem Feuer und Tabakkonsum im Wald in den forstspezifischen Schriften und Gesetzeswerken über den gesamten berücksichtigten Zeitraum hinweg eine Konstante dar. Mit der allmählichen Aufforstung grossflächiger Nadelholzbestände im Verlaufe des 19. Jahrhunderts war hingegen auch die Waldbrandverhütung im Wandel begriffen. Statt ausschliesslich über gesetzgeberische Verordnungen gegen Waldbrände vorzugehen, traten viele forstliche Schriften für waldbauliche Vorkehrungsmassnahmen ein, die in Form von Bestandeslücken in den Nutzwäldern angelegt und wahlweise mit Laubholz bepflanzt werden sollten. Dazu gesellten sich im 19. Jahrhundert Forderungen nach einem systematischen und organisierten Melde- und Überwachungswesen sowie der kritischen Reflexion von Waldbrandereignissen.

Aufbauend auf den Diskurs über die Waldbrandthematik innerhalb des forstlichen Gelehrtenkreises wurden in einem nächsten Schritt wirtschaftliche Aspekte in Bezug auf das Phänomen Waldbrand betrachtet. Bereits seit Beginn der Frühen Neuzeit bildeten sich diesbezüglich wirtschaftliche Brennpunkte heraus, welche allesamt vor der Herausforderung der Beschaffung gewaltiger Mengen an benötigtem Brenn- und Nutzholz standen. Die Deckung dieses immensen Holzverbrauchs und damit zusammenhängend auch der Umgang mit Waldbränden gestalteten sich allerdings höchst unterschiedlich. Grössere Städte, Montan- und Salinenbetriebe waren aufgrund ihrer transportbezogenen Standortrestriktionen auf eine umsichtige und nachhaltige Nutzung der Wälder in ihrem Umfeld und auf die Vermeidung von Schäden durch Waldbrände bedacht. Die Umsetzung dieser Strategie erfolgte durch verschiedene Massnahmen wie dem Ausschluss bestimmter Gruppen aus den Wäldern oder einem umfangreichen ‚Waldbrand-Monitoring'. Im Gegensatz dazu wurde im Zusammenhang mit dem überregionalen Holzhandel einer nachhaltigen Holznutzung oftmals keinerlei Relevanz beigemessen. Das untersuchte Beispiel der Schwarzwaldregion an der Wende vom 18. zum 19. Jahrhundert verdeutlichte vielmehr, dass die Missachtung jeglicher Nachbearbeitung und Räumung der abgeholzten Waldflächen wiederholt zum Ausbruch grossflächiger und unkontrollierbarer Brände beitrug. Die dabei verursachten materiellen Schäden und die Kosten für die Wiederaufforstung wurden in zeitgenössischen Quellen als enorm hoch beschrieben.

Die kontinuierliche Ausdehnung des herrschaftlichen Zugriffs auf die Wälder kollidierte im späteren Verlauf des 18. und ab dem 19. Jahrhundert vielerorts mit den traditionellen Waldnutzungen von Gewerbe und Bauerntum. Der Kern des Konflikts bildete das Interesse der Herrschaftsträger nach langfristiger Bewirtschaftung von Waldbeständen zum Zwecke zunehmender Nutzholzproduktion. Während die Gewerbe im Wald aufgrund der tragenden Rolle ihrer Erzeugnisse für das frühneuzeitliche Wirtschaftssystem meist unter strengen Auflagen geduldet wurden, standen diesem Ansinnen vor allem die landwirtschaftlichen Waldnebennutzungen im Weg. Die Betonung der Waldbrandproblematik und damit zusammenhängend die Ächtung traditioneller landwirtschaftlicher Feuerpraktiken wurde in den auf Waldbrände Bezug nehmenden Quellen und Gesetzestexten von Herrschaftsträgern und Forstexperten gezielt als argumentatives Mittel eingesetzt, um den Aneignungsprozess und den Ausschluss weiterer Nutzungsberechtigter aus den Wäldern zu legitimieren. Die weitgehende Diskurshoheit von Herrschaftsträgern und Forstexperten war bei dieser Entwicklung von entscheidender Bedeutung.

Mit dem markanten Rückgang des Nutzungsdrucks auf die Wälder im Zuge der Industrialisierung und dem Aufbau grossflächiger Nadelholzbestände änderte sich die Waldnutzung in vielen Teilen Nordwesteuropas in der zweiten Hälfte des 19. Jahrhunderts grundlegend. Bereits länger bekannt war die Anfälligkeit grosser Nadelholzbestände gegenüber Sturm, Schnee und Insektenbefall. Mit der rasanten Vergrösserung der Eisenbahnnetze wurde jedoch die Erhöhung der Waldbrandgefahr durch Funkenwurf von Dampflokomotiven deutlich. Trotz der Bemühungen um eine Verminderung des Gefahrenpotentials mittels technischer Massnahmen an den Lokomotiven und waldbaulichen Eingriffen entlang der Bahnstrecken, bestand die Gefahr von Waldbränden durch Züge bis in die Zeit des 20. Jahrhunderts. Auf die gewichtige Stellung der Eisenbahn als Symbolträger des neuen Fortschritts konnte anhand zweier Rechtsfälle hingewiesen werden: Zwischen den durch Funkenwurf aus Lokomotiven geschädigten Waldeigentümern und den einflussreichen Eisenbahnunternehmen bestand in juristischer Hinsicht eine sehr unterschiedliche argumentative Ausgangslage.

Ebenfalls an den grundlegenden Diskurs zur Waldbrandthematik anknüpfend widmete sich das abschliessende Kapitel gesellschaftlichen Aspekten im Zusammenhang mit Waldbränden. Dabei wurde zunächst die Rolle der ländlich-peripheren Bevölkerung bei der Waldbrandbekämpfung genauer untersucht und dabei im Wesentlichen zwei Bereiche lokalisiert, welche für die Motivation zum Löscheinsatz einen zentralen Stellenwert einnahmen. Zum einen spielte dabei ein sozioökonomisches Interesse nach dem Erhalt der eigenen Nutzungsberechtigungen an Wald und Weide mit. Die obrigkeitlichen Forstordnungen, die im Zuge des Eingriffs der Herrschaftsträger in die Waldnutzungsrechte erlassen wurden, drohten im Falle einer Löschverweigerung vielfach mit dem Entzug dieser Nutzungsrechte, was für den einzelnen Bauern oder den Gemeindeverband den Verlust eines wichtigen Teils der ökonomischen Existenz bedeutete. Zum anderen bestanden auch gesellschaftlich-soziale Einflussfaktoren wie etwa das dörfliche Kollektiv und das damit verbundene Prinzip der Solidargemeinschaft innerhalb eines Gemeinde- oder Regionalverbandes. Die Vermutung liegt nahe, dass Belohnungs- und Bestrafungssystematiken von Seiten der Herrschaftsträger auf die Wirkung dieser Bindungen abzielen und den Druck zur Bekämpfung von Waldbränden nicht nur auf materieller, sondern auch auf gesellschaftlich-sozialer Ebene aufrechterhalten sollten.

Die Zunahme von Verweisen auf unter- und ausserständische Sozialgruppierungen als verursachendes Element von Waldbränden charakterisiert die auf Waldbrände Bezug nehmenden Quellen des 19. Jahrhunderts. Dieser rhetorische Wandel in Bezug auf die anthropogenen Ursachen von Waldbränden stand in enger Verbindung mit dem im 19. Jahrhundert aufkeimenden Armutsproblem, welches im Wesentlichen durch die Expansion industrieller Fertigungstechniken, das starke Bevölkerungswachstum und die Modernisierung und Effizienzsteigerung der Landwirtschaft hervorgerufen wurde. Wie bereits im Falle der traditionellen landwirtschaftlichen Feuerpraktiken diente der Hinweis auf die Waldbrandproblematik als Legitimation gesellschaftlicher Ausschliessungspraktiken, welche von Seiten der Herrschaftsträger gegenüber der heterogenen Schicht von Armen und Heimatlosen unter Einbezug der Deutungshoheit angewendet wurden.

Der Anspruch einer umfassenden Darstellung des Phänomens Waldbrand im untersuchten Zeitraum trägt angesichts der Berücksichtigung von Werken forstlicher Gelehrter, forstbezogener Gesetzestexte und amtlich angefertigter Waldbrandberichte bereits einen inhärenten Widerspruch in sich. Denn die Deutungshoheit über die Waldbrandthematik war seit dem 18. Jahrhundert einem kleinen Kreis von Spezialisten und Herrschaftsträgern vorbehalten, die für die Erzeugung der oben genannten Quellenbestände verantwortlich waren. Die Erlangung der Diskurshoheit bedeutete dabei längerfristig die Durchsetzung einer auffallend einseitigen Beurteilung des Phänomens Waldbrand.

Das wirtschaftliche Interesse am Wald bildete in der von dieser Arbeit berücksichtigten Zeitperiode die handlungsleitende Maxime von Herrschaftsträgern und Forstexperten. Dies äusserte sich seit Beginn der Frühen Neuzeit indirekt durch den Betrieb, die Unterstützung und Privilegierung holzintensiver Wirtschaftszentren oder direkt durch den zunehmenden obrigkeitlichen Zugriff auf die Wälder und die systematische Durchsetzung der Nutzholzproduktion. Im 19. Jahrhundert kulminierte diese Strategie vielerorts mit der Aufforstung grossflächiger Nadelholzbestände und Nadelholz-Monokulturen, welche oftmals nicht der natürlichen Waldzusammensetzung entsprachen und anfällig gegenüber witterungsbedingten Einflüssen oder Bränden waren.

Der ertragswirtschaftliche Fokus auf den Wald und damit zusammenhängend das Streben nach möglichst rentablen, nachhaltig bewirtschafteten Nutzholzbeständen prägte den allgemeinen Diskurs über die Waldbrandthematik. Innerhalb des forstlichen Gelehrtenkreises, aber auch von Seiten der Herrschaftsträger war die bedingungslose Bekämpfung von Waldbränden stets ein unbestrittener Grundsatz. Wie kaum ein anderes Ereignis konnten Brände im Wald aus ertragswirtschaftlicher Sicht innert Kürze umfangreiche und nachhaltige Schäden in Waldbeständen verursachen und dabei langfristige Betriebspläne um Jahrzehnte zurückwerfen.

Die Ausdehnung der herrschaftlichen Kontrolle über die Wälder im Zuge der Frühen Neuzeit und die daraus hervorgegangene, systematische und grossräumige Anlegung von Nadelholzbeständen stand dabei in Wechselwirkung mit der generellen Verdrängung des Feuers aus dem Wald. Die Verurteilung und der Ausschluss traditioneller landwirtschaftlicher Feuerpraktiken kann aus der Sichtweise einer auf Nachhaltigkeit basierenden Waldbewirtschaftung vor allem mit der Furcht vor unkontrollierten Feuerungen und dem daraus drohenden Übergriff auf die für die Nutzholzproduktion angelegten Hochwälder gesehen werden. Dass sich die einseitige Betrachtungsweise des Feuers als schädliches Element im Laufe des untersuchten Zeitraums verfestigen konnte, veranschaulichen auch die erörterten Beispiele der gezielten Instrumentalisierung von Waldbrandereignissen zum Zwecke gesellschaftlicher Ausschliessungstendenzen im 19. Jahrhundert.

In Bezug auf die Waldbrandthematik wurde im Laufe des 18. und 19. Jahrhunderts somit ein Dogma geschaffen, das mit der Betonung der Schädlichkeit des Faktors Feuer im Ökosystem Wald bis in die zweite Hälfte des 20. Jahrhunderts Bestand haben und erst mit der differenzierten und werteneutralen Forschungstätigkeit der Feuerökologie ins Wanken geraten sollte.

Wie bereits in Kapitel 1.7 erwähnt, musste bei der Erarbeitung verschiedener wirtschafts- und gesellschaftsbezogener Aspekte auf eine umfassende und tiefgreifende Analyse verzichtet werden. Eine detaillierte Aufarbeitung einzelner, in dieser Arbeit untersuchten Themenfelder würde daher einer weiterführenden Aufarbeitung der Waldbrandthematik in umwelthistorischer Perspektive höchst zuträglich sein. Dies betrifft ebenfalls die Themenkreise, die im Rahmen der vorliegenden Untersuchung bewusst weggelassen wurden, wie die Entwicklung des Versicherungswesens oder der Aspekt der Brandstiftung im Zusammenhang mit der Waldbrandthematik.

6 VERZEICHNISSE

6.1 Abbildungs- und Kartenverzeichnis

6.2 Abkürzungsverzeichnis

StAAG	Staatsarchiv Kanton Aargau
StAB	Staatsarchiv Kanton Bern
StadtASH	Stadtarchiv Schaffhausen
StALU	Staatsarchiv Kanton Luzern
StAZ	Staatsarchiv Kanton Zürich
TLA	Tiroler Landesarchiv

7 BIBLIOGRAFIE

7.1 Archivquellen

Aarau, Staatsarchiv Kanton Aargau:
Aarau, StAAG R01.F09/0013: Forstwesen, Thek M, 1832-35.

Bern, Staatsarchiv Kanton Bern:
Bern, StAB B.VI.692.1808.XII.5,265: Berichtebuch der Forst-Commission Nr. 5 (19. Jahrhundert), 1808.

Innsbruck, Tiroler Landesarchiv:
Innsbruck, TLA 11089: Jüngerer Guberniums, 1804.

Liestal, Staatsarchiv Kanton Basel-Landschaft:
Liestal, StABL VR 3220 B 08.04: Schädigung der Wälder durch Brand (1832-1847), Teilbestand Stoeckle, 1880-1960.

Luzern, Staatsarchiv Kanton Luzern:
Luzern, StALU AKT 24/20 C: Waldbrände, 1819-1840.

Schaffhausen, Stadtarchiv Schaffhausen:
Schaffhausen, StadtASH C II.60.01.04/01: Waldbrände, 1832-1968.

Zürich, Staatsarchiv Kanton Zürich:
Zürich, StAZ Z 322.410: Waldbrand in Tagelswangen am 07.04.1882; Sistierung am 01.06.1882, 1882.

7.2 Rechtsquellen

AUFRUF HINSICHTLICH DER WALDBRÄNDE, 01.05.1840. In: Gesetze, Dekrete und Verordnungen der Republik Bern 10. Bern 1840: 70-71.

BUNDESGESETZ ÜBER DEN BAU UND BETRIEB DER EISENBAHNEN AUF DEM GEBIETE DER SCHWEIZERISCHEN EIDGENOSSENSCHAFT, 31.12.1871. Bern 1872.

FORSTORDNUNG FÜR DER STADT BERN DEUTSCHE LANDE, 07.07.1786. In: Neue offizielle Gesetzessammlung des Kantons Bern 1. Bern 1862: 17-33.

HOCHFÜRSTLICH-BASLISCHE WALD- UND FORST-POLICEY ORDNUNG. Worinnen die Vorschrift und Massgab enthalten ist, wie mit den Wäldern und Hölzern umgegangen werden soll, samt nothwendigem Unterricht, das Holz zu hegen und zu fällen, 04.03.1755. Pruntrut 1756.

PUBLICATION VOM 18TEN JUNII 1808, BETREFFEND DIE WALDBRÄNDE UND DAS LÖSCHEN DERSELBEN, 18.06.1808. In: Offizielle Sammlung der von dem grossen Rath des Cantons Zürich gegebenen Gesetze und gemachten Verordnungen und der von dem Kleinen Rath emanierten allgemeinen Landes- und Policey-Verordnungen 4. Zürich 1811: 56-59.

VORSICHTSANSTALTEN GEGEN WALDBRÄNDE, 03.12.1800. In: GATTERER, Christoph Wilhelm Jakob (Hg.): Forst-Archiv zur Erweiterung der Forst- und Jagdwissenschaft 25. Ulm 1801: 222-224.

7.3 Gedruckte Quellen

AMMON, Walter: Der Waldbrand bei Wimmis. In: Schweizerische Zeitschrift für Forstwesen 62 (1911): 291-302.

ARBENZ: Waldbrand am Catogne. In: Schweizerische Zeitschrift für Forstwesen 1906 (1906): 319-320.

BACHMANN: Gegenfeuer bei der Löschung von Waldbränden. In: Zeitschrift für Forst- und Jagdwesen 26 (1894): 268-272.

BECHSTEIN, Johann Matthäus: Die Waldbeschützungslehre für angehende und ausübende Forstmänner und Cameralisten. Gotha 1818.

BECKMANN, Johann Gottlieb: Gegründete Versuche und Erfahrungen von der zu unsern Zeiten höchst nötigen Holzsaat. Chemnitz 1756.

BODE, Adolph Friedrich: Handbuch zur Bewirthschaftung der Forsten in den deutschen Ostseeprovinzen Russlands. Mitau 1840.

CARLOWITZ, Hans Carl von: Sylvicultura Oeconomica, oder hausswirthliche Nachricht und Naturmäßige Anweisung zur wilden Baum-Zucht. Leipzig 1713.

CLAUDIN, Anatole: L'effroyable Incendie et brûlement général de la grande forêt de Boisfort en Picardie. Paris 1634.

COTTA, Heinrich: Grundriss der Forstwissenschaft. Dresden et al. ^{2}1836.

DAEZEL, Georg Anton: Anleitung zur Forstwissenschaft 1. München 1802.

DANCKELMANN, Bernhard Engelbert Joseph: Einrichtungen und Vorschriften in dem Eisenbahn-Direktionsbezirk Bromberg zur Verhütung von Waldbränden durch Funkenwurf aus der Lokomotive. In: Zeitschrift für Forst- und Jagdwesen 26 (1894): 242-245.

DÖBEL, Heinrich Wilhelm: Neueröffnete Jäger-Practica oder der wohlgeübte und erfahrne Jäger 3. Leipzig ^{2}1754 (1. Auflage 1746).

DUHAMEL DU MONCEAU, Henri-Louis: Des semis et plantations des arbres, et de leur culture. Paris 1738.

EGERER, Christoph: Die Forstwissenschaft. Versuch eines allgemeinen, vollständigen, auf die Natur der Wälder und bereits gemachten Erfahrungen gegründeten Systems. Frankfurt am Main 1812.

EIN RECHTSFALL VOR SCHWEIZERISCHEM BUNDESGERICHT. In: Der Erzähler. Beilage zum Intelligenzblatt der Stadt Bern, 10.04.1857: o.S.

FEISTMANTEL, Rudolf: Die Forstwissenschaft nach ihrem ganzen Umfange und mit besonderer Rücksicht auf die österreichischen Staaten (Zweite Abtheilung, Grundzüge der Forsterziehung). Wien 1835.

FLORIN, Peter Franz: Francisci Philippi Florini Serenissimi ad Rhenum Comitis Palati Principis Solibacensis P. in Edelsfelden & Kirmreuth Oeconomus Prudens et legalis oder Allgemeiner Klug- oder Rechtsverständiger Haus-Vatter bestehend in neuen Büchern. Nürnberg et al. 1705.

FÜRST, Hermann: Kauschingers Lehre vom Waldschutz. Berlin ^{6}1902 (1. Auflage 1848).

GATTERER, Christoph Wilhelm Jakob: Authentische Nachricht von dem im vorigen Jahr ausgebrochenen Brande im wirtembergischen Schwarzwald. In: GATTERER, Christoph Wilhelm Jakob (Hg.): Forst-Archiv zur Erweiterung der Forst- und Jagdwissenschaft 25. Ulm 1801: 211-232.

GESELLSCHAFT FORSTMÄNNER UND JÄGER (Hg.): Handbuch für praktische Forst- und Jagdkunde. Erster Theil. Leipzig 1796: 584-587.

GLÜCK: Der Brand im Oberweseler Gemeindewalde am 18. und 19. August 1892. In: Zeitschrift für Forst- und Jagdwesen 26 (1894): 689-693.

GOLLMER, Martin: Die Primkenauer Waldbrand-Katastrophe am 15. August 1904. Mit einer Spezialkarte und der Abbildung des abgebrannten Dorfes Neuvorwerk. Primkenau [1904].

GUSE: Gegenfeuer bei Waldbränden. In: Zeitschrift für Forst- und Jagdwesen 26 (1894): 139-142.

HALLER, Albrecht: Pflichtmässige Relation des neulichen Brandes in den benachbarten Waldungen, vom 2. bis den 11. Juni 1762. o. O. 1762.

HARTIG, Georg Ludwig: Erfahrungen und Bemerkungen beim praktischen Forst- und Jagdwesen 1. Stuttgart et al. 1826.

HARTIG, Georg Ludwig: Lehrbuch für Förster und die es werden wollen 2. Stuttgart et al. ^{6}1820 (1. Auflage 1808).

HARTIG, Georg Ludwig; HARTIG, Theodor: Waldbrand. In: Forstliches und forstnaturwissenschaftliches Conversations-Lexikon. Berlin 1834: 924-927.

HECKE, Wenzel: Die Forstwirthschaftslehre für Landwirthe, Studirende an landwirthschaftlichen Lehranstalten und alle diejenigen, welche sich in den Grundzügen dieser Wissenschaft unterrichten wollen. Wien 1858.

HEPPE, Carl von: Der sich selbst rathende Jäger, oder: Hundert und siebzehn auserlesene und zum Theil sehr delicate Casus und streitige Fälle, welche täglich bey dem Forst-Jagd- und Fischerey-Wesen vorkommen. Augsburg 1754.

HUNDESHAGEN, Johann Christian: Encyclopädie der Forstwissenschaft. Tübingen ^{2}1828.

KASTHOFER, Karl: Bemerkungen auf einer Alpen-Reise über den Susten, Gotthard, Bernardin, Oberalp, Furka und Grimsel. Aarau 1822.

KIENITZ, Max: Massregeln zur Verhütung von Waldbränden. Berlin 1904.

KIENITZ, Max: Ueber die Behandlung der Feuerschutzstreifen an den durch Kieferforsten führenden Eisenbahnlinien. In: Zeitschrift für Forst- und Jagdwesen 26 (1894): 447-459.

KNIPPING, Carl: Über die forstwirthschaftlichen Einrichtungen, welche in den Hannoverschen Forsten zum Schutze gegen Feuersgefahr getroffen werden. In: PFEIL, Wilhelm; NÖRDLINGER, Herrmann (Hg.): Kritische Blätter für Forst- und Jagdwissenschaft 43. Leipzig 1860: 189-197.

KÖNIG, Gottlob: Die Waldpflege aus der Natur und Erfahrung neu aufgefasst. Gotha ^{2}1849.

KÖNIGLICHE GESELLSCHAFT DER WISSENSCHAFTEN (Hg.): Göttingische Anzeigen von gelehrten Sachen 1. Göttingen 1777.

KRUENITZ, Johann Georg (Hg.): Oekonomische Encyclopädie oder allgemeines System der Staats-, Stadt-, Haus- und Landwirthschaft 233. Berlin 1856: 34-38.

LANDOLT, Elias: Der Wald. Seine Verjüngung, Pflege und Benutzung. Zürich 1866.

LEHMANN, Christian: Historischer Schauplatz derer natürlichen Merckwürdigkeiten in dem Meissnischen Ober-Ertzgebirge. Leipzig 1699.

LEHNPFUHL, Paul: Erfahrungen und Gedanken über Waldbrände. In: Zeitschrift für Forst und Jagdwesen 33 (1901): 635-660.

LUEGER, Otto: Lokomotive. In: LUEGER, Otto (Hg.): Lexikon der gesamten Technik und ihrer Hilfswissenschaften 6. Stuttgart 1908: 203-217.

MACKLOT, Friedrich August: Holzbrand oder Feuerschaden in Wäldern. In: Conversations-Lexicon oder enzyclopädisches Handwörterbuch für gebildete Stände 4. Stuttgart 1817: 776-777.

MEYER, Gerold von Knonau: Der Kanton Schwyz, historisch, geographisch, statistisch geschildert. Historisch-geographisch-statistisches Gemälde der Schweiz Heft 5. St. Gallen et al. 1835.

MOSER, Wilhelm Gottfried von: Grundsäze der Forst-Oeconomie 2. Frankfurt et al. 1757.

ORELLI, Carl Anton Ludwig von: Waldbrand im Höhragen bei Bülach. In: Schweizerische Zeitschrift für das Forstwesen 1894 (1894): 240-244.

OTTO, Christoph (Hg.): Onomatologia Forestalis Piscataorio Venatoria oder vollständiges Forst-, Fisch und Jagd-Lexikon 1. Frankfurt et al. 1772.

PANNEWITZ, Julius von: Das Forstwesen von West-Preussen in statistischer, geschichtlicher und administrativer Hinsicht. Berlin 1829.

PFEIL, Wilhelm: Grundsätze der Forstwirtschaft in Bezug auf die Nationalökonomie und die Staats-Finanzwissenschaft 1. Züllichau et al. 1822.

ROHR, Julius Bernhard von: Historia Naturalis Arborum Et Fruticum Sylvestrium Germaniæ, Oder Naturmässige Geschichte der von sich selbst wilde wachsenden Bäume und Sträucher in Teutschland. Leipzig 1732.

RÖLL, [Viktor] Freiherr von: Funkenfänger. In: Röll, [Viktor] Freiherr von (Hg.): Enzyklopädie des Eisenbahnwesens 5. Berlin 1914: 242-246.

SCHEITBERGER, Tobias Gabriel: Anweisung zur Verhütung der Feuersgefahren und wirksamsten Löschmittel gegen Feuersbrüste. Erlangen ^{2}1793.

SCHMIDLIN, Johann Gottlieb: Handbuch der württembergischen Forstgesetzgebung oder systematische Zusammenstellung aller über das Jagd- Fischerey- und Holz-Wesen vorhandenen württembergischen Gesetze und Verordnungen 2. Stuttgart 1823.

SCHWAPPACH, Adam: Forst- und Jagdgeschichte Deutschlands 2. Berlin 1888.

SCHWAPPACH, Adam: Forstpolitik, Jagd- und Fischereipolitik (Hand- und Lehrbuch der Staatswissenschaften in selbständigen Bänden 1. Hirschfeld et al. 1894.

SCHWEIZERISCHER FORSTVEREIN (Hg.): Pflichtmässige Relation des neulichen Brandes in den benachbarten Waldungen, vom 2. bis den 11. Juni 1762 (Abdruck des Originals von 1762). In: Schweizerisches Forst-Journal 6/10. (1859): 81-88.

SEIDEL, Paul: Haftung der Eisenbahn in Preussen für den durch Funkenflug aus der Lokomotive verursachten Waldbrand. Greifswald 1917.

STAHL, Johann Friedrich: Kohlemeiler. In: STAHL, Johann Friedrich; OTTO, Christoph (Hg.): Onomatologia Forestalis – Piscatorio – Venatoria oder vollständiges Forst-, Fisch- und Jagd-Lexicon 2. Frankfurt et al. 1773: 545.

THON, Theodor: Waldbrände. In: THON, Theodor (Hg.): Allgemeines ökonomisch-technologisches Kunst- und Gewerbe-Lexikon 1. Leipzig 1839: 257-260.

TSCHEINEN, Moritz: Waldbrand im Aletsch, im Gebiete Naters und Zehnden. In: Vierteljahrsschrift der Naturforschenden Gesellschaft in Zürich 5/1 (1860): 91-93.

VAGABUNDEN IM LAUFFENTHAL. In: Fürther Tagblatt, 16.06.1838: 57.

VARENDORFF, Georg Eberhard Heinrich Otto von: Nochmals Gegenfeuer. In: Zeitschrift für Forst- und Jagdwesen 26 (1894): 540-542.

VARENDORFF, Kurt Philipp Ernst von: Woran scheitert die Bekämpfung von Waldbrandkatastrophen? In: REICHSVERBAND DEUTSCHER FORSTVEREIN UND REICHSFORSTVERBAND (Hg): Der deutsche Forstwirt 1939 (1939): o.S.

WESSELY, Josef: Die österreichischen Alpenländer und ihre Forste 1. Wien 1853.

WOLFF, Christian: Vernünftige Gedanken von den Würckungen der Natur. Den Liebhabern der Wahrheit. Halle in Magdeburg 1725.

ZSCHOKKE, Heinrich: Der schweizerische Gebürgs-Förster oder deutliche und genaue Anweisung für Forstbedienstete, Gemeindevorsteher und Partikular-Waldbesitzer des südlichen Deutschlands und der Schweiz, ihre Waldungen auf die beste Art zu besorgen, und den möglich grössten Nutzen aus ihnen zu ziehen. Basel et al. 1806.

7.4 Literatur

ALBINI, Frank A.: Dynamics and Modelings of Vegetation Fires: Observations. In: CRUTZEN, Paul J.; GOLDAMMER, Johann G. (Hg.): Fire in the Environment. The Ecological, Atmospheric, and Climate Importance of Vegetations Fires. Chichester et al. 1993: 39-52.

ALLEMEYER, Marie Luisa: Fewernoth und Flammenschwert. Stadtbrände in der Frühen Neuzeit. Göttingen 2007b.

ALLEMEYER, Marie Luisa: Profane Hazard or Divine Jugement? Coping with Urban Fire in the 17th Century. In: Historical Social Reserach 32/3 (2007a): 145-168.

BÄHR, Jürgen; JENTSCH, Christoph; KULS, Wolfgang: Bevölkerungsgeographie. Verteilung und Dynamik der Bevölkerung in globaler, nationaler und regionaler Sicht. Stuttgart 1997.

BÄRTSCHI, Hans-Peter: Schweizerische Nordostbahn (NOB). In: Historisches Lexikon der Schweiz, Version vom 30.11.2011, http://www.hls-dhs-dss.ch, 17.02.2014.

BELLWALD, Werner: Bergbau. In: Historisches Lexikon der Schweiz, Version von 2013, http://www.hls-dhs-dss.ch, 15.06.2014.

BELOW, Stefan von: Das Eigentum am Wald – ein Forschungsüberblick. In: BELOW, Stefan von; BREIT, Stefan (Hg.): Wald – von der Gottesgabe zum Privateigentum. Gerichtliche Konflikte zwischen Landesherren und Untertanen um den Wald in der frühen Neuzeit (Quellen und Forschungen zur Agrargeschichte 43). Stuttgart 1998: 1-55.

BENDEL, Muriel; TINNER, Willy; AMMANN, Brigitta: Forest Dynamics in the Pfyn Forest in Recent Centuries (Valais, Switzerland, Central Alps): Interaction of Pine (Pinus sylvestris) and Oak (Quercus sp.) under Changing Land Use and Fire Frequency. In: The Holocene 16 (2006): 81-89, DOI: 10.1191/0959683606hl906rp.

BLASIUS, Dirk: Kriminalität und Alltag. Zur Konfliktgeschichte des Alltagslebens im 19. Jahrhundert (Kleine Vandenhoeck-Reihe 1448). Göttingen 1978.

BLATTER, Joachim K.; JANNING, Frank; WAGEMANN, Claudius: Qualitative Politikanalyse. Wiesbaden 2007.

BLICKLE, Peter: Studien zur geschichtlichen Bedeutung des deutschen Bauernstandes (Quellen und Forschungen zur Agrargeschichte 35). Stuttgart et al. 1989.

BLOCH, Ernst: Erbschaft dieser Zeit. Frankfurt am Main 1962 (1. Auflage 1935).

BOSCHUNG, Urs: Haller, Albrecht von. In: Historisches Lexikon der Schweiz, Version vom 05.11.2009, http://www.hls-dhs-dss.ch, 17.02.2014.

BRAUN, Rudolf: Das ausgehende Ancien Régime in der Schweiz. Aufriss einer Sozial- und Wirtschaftsgeschichte des 18. Jahrhunderts. Göttingen et al. 1984.

BÜRGI, Matthias: Waldentwicklung im 19. und 20. Jahrhundert. Veränderungen in der Nutzung und Bewirtschaftung des Waldes und seiner Eigenschaften als Habitat am Beispiel der öffentlichen Waldungen im Zürcher Unter- und Weinland (Beiheft zur Schweizerischen Zeitschrift für Forstwesen 84). Zürich 1998.

BÜRGI, Matthias; HÜRLIMANN, Katja; SCHULER, Anton: Wald- und Forstgeschichte in der Schweiz. In: Schweizerische Zeitschrift für Forstwesen 152/12 (2001): 476-483.

BURGMEISTER, Karl Heinz: „Der Heisse Sommer" 1540 in der Bodenseeregion. In: Schriften des Vereins für Geschichte des Bodensees und seiner Umgebung 126 (2008): 59-87.

BÜTIKOFER, Niklaus: Historische Waldschäden der Schweiz 1800-1960. Datengewinnung und Ergebnisse 1. Unveröffentlichte Lizentiatsarbeit. Bern 1987.

BÜTIKOFER, Niklaus: Historische Waldschäden der Schweiz 1800-1960. Datensammlung 2. Unveröffentlichte Lizentiatsarbeit. Bern 1988.

CLARK, James S.; ROBINSON, James: Paleoecology of Fire. In: CRUTZEN, Paul J.; GOLDAMMER, Johann G. (Hg.): Fire in the Environment. The Ecological, Atmospheric, and Climate Importance of Vegetations Fires. Chichester et al. 1993: 193-214.

DEGEN, Bernhard: Marktregulierung. In: Historisches Lexikon der Schweiz, Version vom 27.10.2009, http://www.hls-dhs-dss.ch, 29.02.2014.

DUBLER, Anne-Marie: Feuerwehr. In: Historisches Lexikon der Schweiz, Version von 2013, http://www.hls-dhs-dss.ch, 17.06.2014.

DUBLER, Anne-Marie: Juchart. In: Historisches Lexikon der Schweiz, Version vom 20.05.2010, http://www.hls-dhs-dss.ch, 28.07.2014.

EDER, Franz X. (Hg.): Historische Diskursanalysen. Genealogie, Theorie, Anwendungen. Wiesbaden 2006.

EHMER, Josef: Bevölkerungsgeschichte und historische Demographie (Enzyklopädie deutscher Geschichte 71). München 2004.

ENDRES, Max: Handbuch der Forstpolitik. Mit besonderer Berücksichtigung der Gesetzgebung und Statistik. Berlin ^{2}1922.

EPPLE, Ruedi; SCHÄR, Eva: Stifter, Städte, Staaten. Zur Geschichte der Armut, Selbsthilfe und Unterstützung in der Schweiz 1200-1900. Zürich 2010.

FREY, Wolfgang; LÖSCH, Rainer: Geobotanik. Pflanze und Vegetation in Raum und Zeit. Heidelberg ^{3}2010.

GEBHARDT, Hans; GLASER, Rüdiger; LENTZ, Sebastian (Hg.): Europa – eine Geographie. Berlin et al. 2013.

GEBHARDT, Hans; GLASER, Rüdiger; RADTKE, Ulrich; REUBER, Paul (Hg.): Geographie. Physische Geographie und Humangeographie. München ^{2}2011.

GLASER, Rüdiger: Klimageschichte Mitteleuropas. 1000 Jahre Wetter, Klima, Katastrophen. Darmstadt 2001.

GOLDHAMMER, Johann Georg: Feuerökologie – Einführung und Durchsetzung eines Begriffs. In: BUSCH, Bernd (Hg.): Jetzt ist die Landschaft ein Katalog voller Wörter. Beiträge zur Sprache der Ökologie (Valerio 5). Göttingen 2007: 119-127.

GÖMMEL, Rainer: Die Entwicklung der Wirtschaft im Zeitalter des Merkantilismus 1620-1800 (Enzyklopädie deutscher Geschichte 46). München 1998.

GRABHERR, Walter: Die Waldbrandfrage in den frühen Haller Salinenwäldern im Unterengadin. In: Schweizerische Zeitschrift für Forstwesen 100 (1949): 366-374.

GRABHERR, Walter: Drei grosse Waldbrände im Unterengadin in den Jahren 1777, 1793 und 1804. In: Schweizerische Zeitschrift für Forstwesen 98 (1947): 460-476.

GRAF, Ruedi: Zschokke, Heinrich. In: Historisches Lexikon der Schweiz, Version vom 24.02.2014, http://www.hls-dhs-dss.ch, 19.06.2014.

GRESSER, Pierre: Calamités et maux naturels en Franche-Comté aux XIVe et XVe siècles. Les Comtois à la merci de la nature au fil des documents. Besançon 2008.

GREWE, Bernd Stephan: Der versperrte Wald. Ressourcenmangel in der bayerischen Pfalz 1814-1870 (Umwelthistorische Forschungen 1). Köln 2004.

GROSSMANN, Heinrich: Forstgesetzgebung und Forstwirtschaft in der ersten Hälfte des 19. Jahrhunderts. 1803-1848. In: Schweizerische Zeitschrift für Forstwesen 99 (1948): 379-393.

GSCHNITZER, Fritz; KOSELLECK, Reinhart; WAGNER, Karl Ferdinand: Volk, Nation, Nationalismus, Masse. In: BRUNNER, Otto; CONZE, Werner; KOSELLECK, Reinhart (Hg.): Geschichtliche Grundbegriffe. Historisches Lexikon zur politisch-sozialen Sprache in Deutschland 7. Stuttgart 1992: 141-431.

HAGEN, Günter: Hall im Tirol. Stadtentwicklung im Spannungsfeld von Altstadterneuerung und Ausländersituation (Innsbrucker geographische Studien 34). Innsbruck 2003.

HANTZSCH, Viktor: Lehmann, Johann Christian. In: Allgemeine Deutsche Biographie (1906), http://www.deutsche-biographie.de/pnd129528048.html?anchor=adb, 19.07.2014.

HASEL, Karl; SCHWARTZ, Ekkehard: Forstgeschichte. Ein Grundriss für Studium und Praxis. Remagen ^{3}2006.

HELBLING, Magnus: Diarium des Einsiedler Conventuals P. Joseph Dietrich. 1681 bis 1692 unter Fürstabt Augustin Reding. In: Mitteilungen des historischen Vereins des Kantons Schwyz 23 (1913): 69-207.

HESS, Richard: Daezel, Georg Anton. In: Allgemeine Deutsche Biographie (1876), http://www.deutsche-biographie.de/pnd10426537X.html?anchor=adb, 19.07.2014.

HESS, Richard: Gatterer, Christoph Wilhelm Jakob. In: Allgemeine Deutsche Biographie (1878), http://www.deutsche-biographie.de/pnd116465980.html?anchor=adb, 18.07.2014.

HESS, Richard: Wessely, Joseph. In: Allgemeine Deutsche Biographie (1910), http://www.deutsche-biographie.de/pnd117314447.html?anchor=adb, 19.07.2014.

HIRSCHBERGER, Peter: Wälder in Flammen. Ursachen und Folgen der weltweiten Waldbrände. Berlin ^{6}2012.

HOLUB, Hans-Werner: Eine Einführung in die Geschichte des ökonomischen Denkens. Wien 2006.

HORKY, Anton: Feistmantel, Rudolf. In: Neue Deutsche Biographie 5 (1961), http://www.deutsche-biographie.de/pnd120263173.html, 18.07.2014.

HÜRLIMANN, Katja: Landolt, Elias. In: Historisches Lexikon der Schweiz, Version vom 14.11.2007, http://www.hls-dhs-dss.ch, 18.07.2014.

HÜRLIMANN, Katja: Worum geht es in der Wald- und Forstgeschichte? In: Schweizerische Zeitschrift für Forstwesen 154/8 (2003): 322-327.

ILLI, Martin: Orelli, Carl Anton Ludwig von. In: Historisches Lexikon der Schweiz, Version von 2009, http://www.hls-dhs-dss.ch, 18.07.2014.

INAMA VON STERNEGG, Theodor: Rohr, Julius Bernhard von. In: Allgemeine Deutsche Biographie (1889), http://www.deutsche-biographie.de/pnd117593338.html?anchor=adb, 18.07.2014.

IRNIGER, Margrit: Der Sihlwald und sein Umland. Waldnutzung, Viehzucht und Ackerbau im Albisgebiet von 1400-1600 (Mitteilungen der Antiquarischen Gesellschaft in Zürich 58). Zürich 1991.

ISENMANN, Eberhard: Die deutsche Stadt im Spätmittelalter 1250-1500. Stadtgestalt, Recht, Stadtregiment, Kirche, Gesellschaft, Wirtschaft. Stuttgart 1988.

JAKUBOWSKI-TIESSEN, Manfred: Umweltgeschichte als geschichtswissenschaftliche Disziplin in Deutschland. In: DÜSELDER, Heike; SCHMITT, Annika; WESTPHAL, Siegrid (Hg.): Umweltgeschichte. Forschung und Vermittlung in Universität, Museum und Schule. Köln et al. 2014: 23-36.

KASCHUBA, Wolfgang: Bauern und andere – Zur Systematik dörflicher Gesellschaftserfahrung zwischen Vorindustrialisierung und Weltwirtschaftskrise. In: KASCHUBA, Wolfgang; LIPP, Carola: Dörfliches Überleben. Zur Geschichte materieller und sozialer Reproduktion ländlicher Gesellschaft im 19. und frühen 20. Jahrhundert (Untersuchungen des Ludwig-Uhland-Instituts der Universität Tübingen 56). Tübingen 1982: 1-287.

KEMPF, Alois; SCHERRER, Hans Ulrich: Forstgeschichtliche Notizen zum Walliser Wald. Literatur- und Quellenbericht über das Rhonetal zwischen Brig und Martigny seit 1800 (Berichte der Eidgenössischen Anstalt für das forstliche Versuchswesen 243). Birmensdorf 1982.

KNOLL, Martin: Umwelt-Herrschaft-Gesellschaft. Die landesherrliche Jagd Kurbayerns im 18. Jahrhundert (Studien zur neueren Geschichte 4). St. Katharinen 2004.

KRIEDEL, Norbert: Lange Wellen der wirtschaftlichen Entwicklung. Empirische Analysen, bestehende Erklärungsmodelle und Neumodellierung. Münster 2005.

KROKER, Werner: Eisenbahnen, Wirtschaftsräume und Unternehmen in Deutschland bis zum Ersten Weltkrieg. In: Zeitschrift für Unternehmensgeschichte/Journal of Business History 38/3 (1993): 145-163.

KULKE, Elmar: Wirtschaftsgeographie (UTB 2434). Paderborn ^{3}2008.

KÜSTER, Hansjörg: Geschichte der Landschaft in Mitteleuropa. Von der Eiszeit bis zur Gegenwart. München ^{4}2010.

KÜSTER, Hansjörg: Geschichte des Waldes. Von der Urzeit bis zur Gegenwart. München ^{2}2008.

LANDWEHR, Achim: Historische Diskursanalyse (Historische Einführungen 4). Frankfurt et al. ^{2}2009.

LAUPENHEIMER, Peter: Phlogiston oder Sauerstoff. Die Pharmazeutische Chemie in Deutschland zur Zeit des Übergangs von der Phlogiston- zur Oxidationstheorie (Quellen und Studien zur Geschichte der Pharmazie 63). Stuttgart 1992.

LEHNERT, Katrin: Multilocal Locals: Grenzfälle mobiler Praxen und ihre nationale Vereindeutigung im 19. Jahrhundert. In: JOHLER, Reinhard; MATTER, Max; ZINN-THOMAS, Sabine (Hg.): Mobilitäten. Europa in Bewegung als Herausforderung kulturanalytischer Forschung. Münster 2011: 91-97.

LEX, Peter: Bekämpfung von Waldbränden, Moorbränden, Heidebränden. Stuttgart et al. ^{4}1996.

LIEBENEINER, Ehrenfried: Waldbrand-Berichte (Aus dem Walde. Mitteilungen aus der Niedersächsischen Landesforstverwaltung 34). Hannover 1981.

LÖBE, William: Beckmann, Johann Gottlieb. In: Allgemeine Deutsche Biographie (1875), http://www.deutsche-biographie.de/pnd100031366.html?anchor=adb, 19.07.2014.

MANTEL, Kurt: Wald und Forst in der Geschichte. Ein Lehr- und Handbuch. Hannover 1990.

MARTINI, Silvio: Albrecht von Haller (1708-1777) als Förderer der Forstwissenschaft und der Landwirtschaft in der Schweiz. In: Schweizerische Landwirtschaftliche Monatshefte 44 (1966): 321-327.

MITZSCHKE: Thon, Theodor. In: Allgemeine Deutsche Biographie (1908), http://www.deutsche-biographie.de/pnd117352209.html?anchor=adb, 19.07.2014.

NEUE DEUTSCHE BIOGRAPHIE (NDB): Varendorff, Georg Eberhard Heinrich Otto von, https://www.deutsche-biographie.de/gnd117681296.html, 10.09.2015.

NEUE DEUTSCHE BIOGRAPHIE (NDB): Varendorff, Kurt Philipp Ernst von, https://www.deutsche-biographie.de/gnd117349178.html, 10.09.2015.

OSTERHAMMEL, Jürgen: Die Verwandlung der Welt. Eine Geschichte des 19. Jahrhunderts (Historische Bibliothek der Gerda Henkel Stiftung). München [5]2010.

PFISTER, Christian: Agrarrevolution und Handwerk als Elemente der gesamtwirtschaftlichen Modernisierung im frühen 19. Jahrhundert. Das Beispiel des Kantons Bern 1800-1860. In: Itinera 14 (1993): 111-120.

PFISTER, Christian: Im Strom der Modernisierung. Bevölkerung, Wirtschaft und Umwelt 1700-1914 (Geschichte des Kantons Bern seit 1798 4). Bern 1995.

RADKAU, Joachim: Das Rätsel der städtischen Brennholzversorgung im „hölzernen Zeitalter“. In: SCHOTT, Dieter (Hg.): Energie und Stadt in Europa. Von der vorindustriellen „Holznot“ bis zur Ölkrise der 1970er Jahre (Vierteljahrschrift für Sozial- und Wirtschaftsgeschichte, Beihefte 135). Stuttgart 1997: 43-75.

RADKAU, Joachim: Holz – Wie ein Naturstoff Geschichte schreibt. München 2012.

RADKAU, Joachim: Technik in Deutschland. Vom 18. Jahrhundert bis heute. Frankfurt am Main 2008.

RADKAU, Joachim: Zur angeblichen Energiekrise des 18. Jahrhunderts. Revisionistische Betrachtungen über die ‚Holznot‘. In: Vierteljahrschrift für Sozial- und Wirtschaftsgeschichte 73 (1986): 1-37.

REITH, Reinhold: Umweltgeschichte der Frühen Neuzeit (Enzyklopädie deutscher Geschichte 89). München 2011.

ROHR, Christian; CAMENISCH, Chantal; KRÄMER, Daniel; VLACHOS, Alexandra: Umweltgeschichte in der Schweiz und ihr Beitrag zur Kulturgeschichte. In: Traverse 19/1 (2012): 193-211.

ROTH, Ralf: Das Jahrhundert der Eisenbahn. Die Herrschaft über Raum und Zeit 1800-1914. Ostfildern 2005.

SARASIN, Philipp: Geschichtswissenschaft und Diskursanalyse (Suhrkamp Taschenbuch Wissenschaft 1639). Frankfurt am Main 2003.

SARASIN, Philipp: Michel Foucault zur Einführung (Zur Einführung 333). Hamburg ^{4}2010.

SCHLUMBOHM, Jürgen: „Proto-Industrialisierung" als forschungsstrategisches Konzept und als Epochenbegriff – eine Zwischenbilanz. In: CERMAN, Markus; OGILVIE, Sheilagh C. (Hg.): Proto-Industrialisierung in Europa. Industrielle Produktion vor dem Fabrikzeitalter (Beiträge zur historischen Sozialkunde Beiheft 5). Wien 1994: 23-33.

SCHMUTZ, Daniel; ZÄCH, Benedikt: Gulden. In: Historisches Lexikon der Schweiz, Version vom 13.03.2007, http://www.hls-dhs-dss.ch, 19.07.2014.

SCHNEGG, Brigitte: Armut. In: Historisches Lexikon der Schweiz, Version von 2012, http://www.hls-dhs-dss.ch, 11.06.2014.

SCHNEGG, Brigitte: Armutsbekämpfung durch Sozialreform. Gesellschaftlicher Wandel und sozialpolitische Modernisierung Ende des 19. Jahrhunderts am Beispiel der Stadt Bern. In: Berner Zeitschrift für Geschichte und Heimatkunde 69 (2007): 233-258.

SCHNEITER, Fritz: Agrargeschichte der Brandwirtschaft (Forschungen zur geschichtlichen Landeskunde der Steiermark 25). Graz 1970.

SCHNYDER, Werner: Quellen zur Zürcher Wirtschaftsgeschichte (Von den Anfängen bis 1500 1). Zürich et al. 1937.

SCHORN-SCHÜTTE, Luise: Geschichte Europas in der frühen Neuzeit. Studienhandbuch 1500-1789 (UTB 8414). Paderborn 2009.

SCHRADER, W.: Wolff, Christian. In: Allgemeine Deutsche Biographie (1898), http://www.deutsche-biographie.de/pnd118634771.html?anchor=adb, 19.07.2014.

SCHULER, Anton: Ammon, Walter. In: Historisches Lexikon der Schweiz, Version vom 18.07.2001, http://www.hls-dhs-dss.ch, 12.06.2014.

SCHULER, Anton; BÜRGI, Matthias; FISCHER, Werner; HÜRLIMANN, Katja: Wald- und Forstgeschichte. Vorlesungsskript Departement Forstwissenschaften ETH Zürich. Zürich 2000.

SCHULTZ, Jürgen: Die Ökozonen der Erde (UTB 1514). Stuttgart [4]2008.

SCHWARTZ, Ekkehard: Aspekte der Wissenschaftsentwicklung in der Geschichte der Forstwirtschaft. In: Forstlicher Zentralismus und Forstlicher Regionalismus. Tagungsband Forsthistorische Fachtagung 7.-9. Oktober 1998 in Tharandt. Tharandt 1998: 93-98.

SCOTT, Andrew C.; BOWMAN, David M. J. S.; BOND, William J.; PYNE, Stephen J.; ALEXANDER, Martin E.: Fire on Earth. An Introduction. Chichester 2014.

SIEFERLE, Rolf-Peter: Der unterirdische Wald. Energiekrise und industrielle Revolution. München 1982.

SIEFERLE, Rolf-Peter: Nachhaltigkeit in universalhistorischer Perspektive. In: SIEMANN, Wolfram (Hg.): Umweltgeschichte. Themen und Perspektiven. München 2003: 39-60.

SIEFERLE, Rolf-Peter; KRAUSMANN, Fridolin; SCHANDEL, Heinz; WINIWARTER, Verena: Das Ende der Fläche. Zum gesellschaftlichen Stoffwechsel der Industrialisierung (Umwelthistorische Forschungen 2). Köln et al. 2006.

SMITH, Martin Ferguson: Lucretius. De rerum natura (with an English translation by W. H. D. Rouse). Cambridge [3]2002.

SOMBART, Werner: Der moderne Kapitalismus – Das europäische Wirtschaftsleben im Zeitalter des Frühkapitalismus 2. München et al. [7]1928.

STEGEMANN, Wolfgang: Paulusexegese in Zeiten der Dekanonisierung. In: BECKER, Eve-Marie; SCHOLZ, Stefan (Hg.): Kanon in Konstruktion und Dekonstruktion. Kanonisierungsprozesse religiöser Texte von der Antike bis zur Gegenwart. Berlin et al. 2012: 605-622.

STEIGER, Peter: Wälder der Schweiz. Von Lindengrün zu Lärchengold. Vielfalt der Waldbilder und Waldgesellschaften in der Schweiz. Bern [4]2010.

STEINSIEK, Peter-Michael; LAUFER, Johannes: Quellen zur Umweltgeschichte in Niedersachsen vom 18. bis zum 20. Jahrhundert. Ein thematischer Wegweiser durch die Bestände des Niedersächsischen Landesarchivs (Veröffentlichungen der Niedersächsischen Archivverwaltung 64). Göttingen 2012.

STILLER, Olaf: Innovationsdynamik in der zweiten industriellen Revolution. Marburg 2005.

STUBER, Martin: Wälder für Generationen. Konzeptionen der Nachhaltigkeit im Kanton Bern 1750-1880 (Umwelthistorische Forschungen 3). Köln 2008.

STUBER, Martin; BÜRGI, Matthias: Hüeterbueb und Heitisträhl. Traditionelle Formen der Waldnutzung in der Schweiz 1800 bis 2000. Bern 2011.

THEN, Volker: Eisenbahnen und Eisenbahnunternehmer in der Industriellen Revolution. Ein preussisch/deutsch-englischer Vergleich (Kritische Studien zur Geschichtswissenschaft 120). Göttingen 1997.

THOMAS, Peter A.; MCALPINE, Rob: Fire in the Forest. New York 2010.

THOMASIUS, Harald: Die Sylvicultura Oeconomica – eine Rezension aus heutiger Sicht. In: SÄCHSISCHE HANS-CARL-VON-CARLOWITZ-GESELLSCHAFT E.V. ZUR FÖRDERUNG DER NACHHALTIGKEIT (Hg.): Die Erfindung der Nachhaltigkeit. Leben, Werk und Wirkung des Hans Carl von Carlowitz. München 2013: 61-80.

TREMP, Ernst: Regalien. In: Historisches Lexikon der Schweiz, Version vom 23.12.2011, http://www.hls-dhs-dss.ch, 28.02.2014.

UEKÖTTER, Frank: Umweltgeschichte im 19. und 20. Jahrhundert (Enzyklopädie deutscher Geschichte 81). München 2007.

VAN DÜLMEN, Richard: Kultur und Alltag in der Frühen Neuzeit. Dorf und Stadt 16.-18. Jahrhundert 2. München 1992.

WALTER, Rolf: Einführung in die Wirtschafts- und Sozialgeschichte (UTB 3085). Köln et al. ²2008.

WALTER, Rolf: Wirtschaftsgeschichte. Vom Merkantilismus bis zur Gegenwart (UTB 3387). Köln et al. 52011.

WEBER, Wolfhard: Krünitz, Johann Georg. In: Neue Deutsche Biographie 13 (1982), http://www.deutsche-biographie.de/pnd11919063X.html, 19.07.2014.

WEINBERGER, Elisabeth: Waldnutzung und Waldgewerbe in Altbayern im 18. und beginnenden 19. Jahrhundert. Stuttgart 2001.

WEISZ, Leo: Entstehung und Bedeutung der bischöflich-baselschen Waldordnung vom Jahre 1755. In: Zeitschrift für schweizerische Geschichte 15 (1935): 144-166.

WEISZ, Leo; GROSSMANN, Heinrich; KREBS, Ernst; SCHULER, Anton; WITSCHI, Peter: 650 Jahre zürcherische Forstgeschichte (Forstpolitik, Waldbenutzung und Holzversorgung im alten Zürich 1). Zürich 1983.

WINIWARTER, Verena; KNOLL, Martin: Umweltgeschichte. Eine Einführung (UTB 2521). Köln 2007.

WINKLER, Otto: Waldbrände, ihre Ursachen, Verhütung und Bekämpfung. Separatdruck aus dem Werk „Mein Einsatz – Deine Sicherheit“. o. O. 1950.

WITSCHI, Peter: Minderheiten: Nichtsesshafte unter Sesshaften. In: HUGGER, Paul (Hg.): Handbuch der schweizerischen Volkskultur 2. Zürich 1992: 837-846.

WOLFENSBERGER, Rolf: Heimatlose. In: Historisches Lexikon der Schweiz, Version vom 2007, http://www.hls-dhs-dss.ch, 11.06.2014.

WULLSCHLEGER, Erwin: 1834 vor dem Bezirksgericht Bremgarten: Der Waldbrand von Berikon und seine heimatlosen Verursacher (Sonderdruck aus: Bremgarter Neujahrsblätter). o.O 1978.

ZWIERLEIN, Cornel: Der gezähmte Prometheus. Feuer und Sicherheit zwischen Früher Neuzeit und Moderne (Umwelt und Gesellschaft 3). Göttingen 2011.

7.5 Internet

ARBEITSGRUPPE FEUERÖKOLOGIE DER UNIVERSITÄT FREIBURG: http://www.fire.uni-freiburg.de/feueroekologie/feuerd.htm, 05.06.2014.

FORSTER, Beat; BUOB, Stefan; COVI, Silvio; OEHRY, Ewald; URECH, Hanspeter; WINKLER, Martin; ZAHN, Christoph; ZUBER, Rudolf: Schlagräumung. In: EIDGENÖSSISCHE FORSCHUNGSANSTALT FÜR WALD, SCHNEE UND LANDSCHAFT (WSL): Merkblatt für die Praxis Nr. 30. Birmensdorf 1998, 4 S., http://www.wsl.ch/dienstleistungen/publikationen/pdf/2697.pdf, 27.03.2014.

GEBÄUDEVERSICHERUNG BERN: Waldbrand. 2007, http://www.fwroggwil.ch/downloads/merkblatt-waldbrand-gvb.pdf, 30.07.2014.

GRIESSHABER, Dieter: Württemberg von der Mitte des 18. Jahrhunderts bis zum Untergang des Heiligen Römischen Reichs Deutscher Nation (1750-1806). Köngen 2013, http://geschichtsverein-koengen.de/Gesch1750-1806.htm, 02.05.2014.

HOBI, Martina Lena: Wachstumsreaktionen von Buche, Waldföhre und Schwarzföhre auf einen Waldbrand. Zusammenfassung. Zürich 2008, 3 S., http://e-collection.library.ethz.ch/eserv/eth:31096/eth-31096-01.pdf, 07.02.2014.

KAULFUSS, Susanne: Waldbrandvorbeugung. o. O. 2011, 12 S., http://www.waldwissen.net/waldwirtschaft/schaden/brand/fva_waldbrand_wb4/wb4_1_4_zf_waldbrandvorbeugung_11_03_08.pdf, 23.11.2013.

KAULFUSS, Susanne; HOFFMANN Felix: Waldbrandbekämpfung. o. O. 2011, 9 S., http://www.waldwissen.net/waldwirtschaft/schaden/brand/fva_waldbrand_wb7_1/fva_waldbrand_wb7_zf_wb_bekaempfung_ka_11_04_26.pdf, 23.11.2013.

KIRCHGEMEINDE ERSTFELD: Über die Anfänge der Urner Landeswallfahrt nach Einsiedeln. o. O. 2011, http://www.kath-erstfeld.ch/app/download/5329345859/Zur+Einsiedler+Wallfahrt+von+1687.docx?t=1351175039, 07.05.2014.

MAX-KIENITZ-SCHULE IN BRITZ: Max Kienitz, http://www.schule-britz.de/seite/144644/max_kienitz.html, 18.07.2014.

SCHWEIZERISCHE EIDGENOSSENSCHAFT: https://map.geo.admin.ch/?X=135843.16&Y=562158.56&zoom=7&lang=de&topic=ech&bgLayer=ch.swisstopo.pixelkarte-farbe&catalogNodes=457,458, 28.07.2014.

SCHWEIZERISCHE EIDGENOSSENSCHAFT: https://map.geo.admin.ch/?X=187839.66&Y=821921.53&zoom=7&lang=de&topic=ech&bgLayer=ch.swisstopo.pixelkarte-farbe&catalogNodes=457,458, 28.07.2014.

SCHWEIZERISCHE EIDGENOSSENSCHAFT: https://map.geo.admin.ch/?X=253354.88&Y=693068.82&zoom=8&lang=de&topic=ech&bgLayer=ch.swisstopo.pixelkarte-farbe&catalogNodes=457,458&layers=ch.swisstopo.hiks-siegfried, 28.07.2014.

SCHWEIZERISCHE EIDGENOSSENSCHAFT: https://map.geo.admin.ch/?X=262734.05&Y=682662.81&zoom=7&lang=de&topic=ech&bgLayer=ch.swisstopo.pixelkarte-farbe&catalogNodes=457,458&layers=ch.swisstopo.hiks-siegfried, 28.07.2014.

SCHWEIZERISCHE, EIDGENOSSENSCHAFT: https://map.geo.admin.ch/?X=169542.89&Y=614607.53&zoom=8&lang=de&topic=ech&bgLayer=ch.swisstopo.pixelkarte-farbe&catalogNodes=457,458, 28.07.2014.

SEDLEY, David: Lucretius. In: Stanford Encyclopedia of Philosophy, Version vom 10.08.2013, http://plato.stanford.edu/entries/lucretius/, 18.07.2014.

STIEGER, Daniel: Alte Masseinheiten. Version von 2014, http://www.daniel-stieger.ch/masseinheiten.htm, 04.07.2014.

TILLY, Richard H.: Industrialisierung als historischer Prozess. In: INSTITUT FÜR EUROPÄISCHE GESCHICHTE IEG (Hg.): Europäische Geschichte Online (EGO). Mainz 2010, 15 S., http://ieg-ego.eu/de/threads/hintergruende/industrialisierung/richard-h-tilly-industrialisierung-als-historischer-prozess/at_download/dnb, 03.05.2014.

8 ANHANG

ABB. 1: Das Entwicklungs- und Abhängigkeitsschema eines Waldbrandes bietet eine Übersicht über die verschiedenen Brandformen und deren Abhängigkeit zueinander.

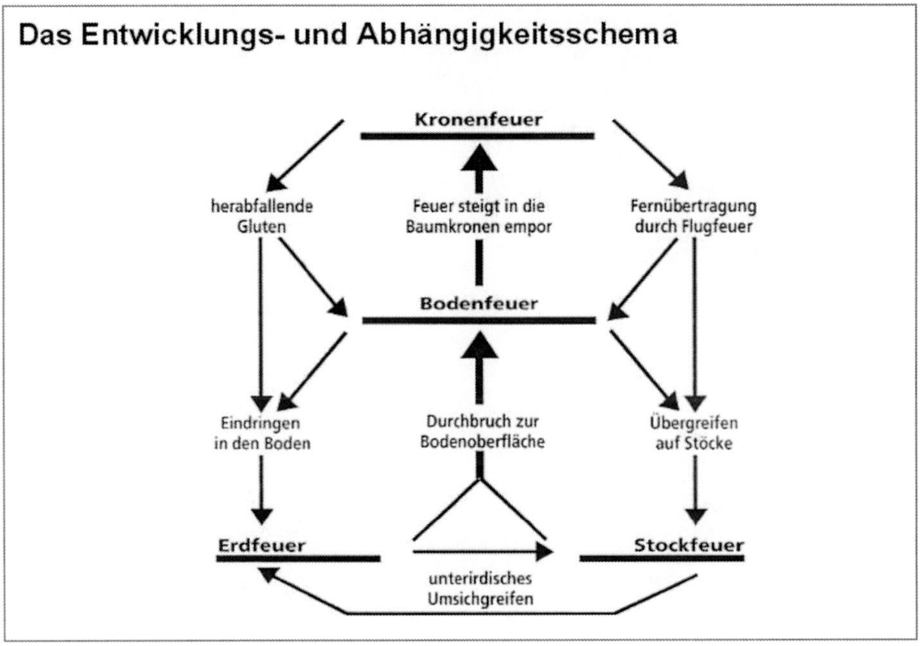

Quelle: Gebäudeversicherung Bern: Waldbrand. 2007, http://www.fwroggwil.ch/downloads/merkblatt-waldbrand-gvb.pdf, 30.07.2014.

ABB. 2: Beispiel eines Funkenfängers, angebracht am Lokomotivschornstein. Glühende Partikel sollten durch die Umlenkung des austretenden Rauchs mittels einer schraubenförmigen Konstruktion bereits innerhalb der Apparatur zum Erlöschen gebracht werden.

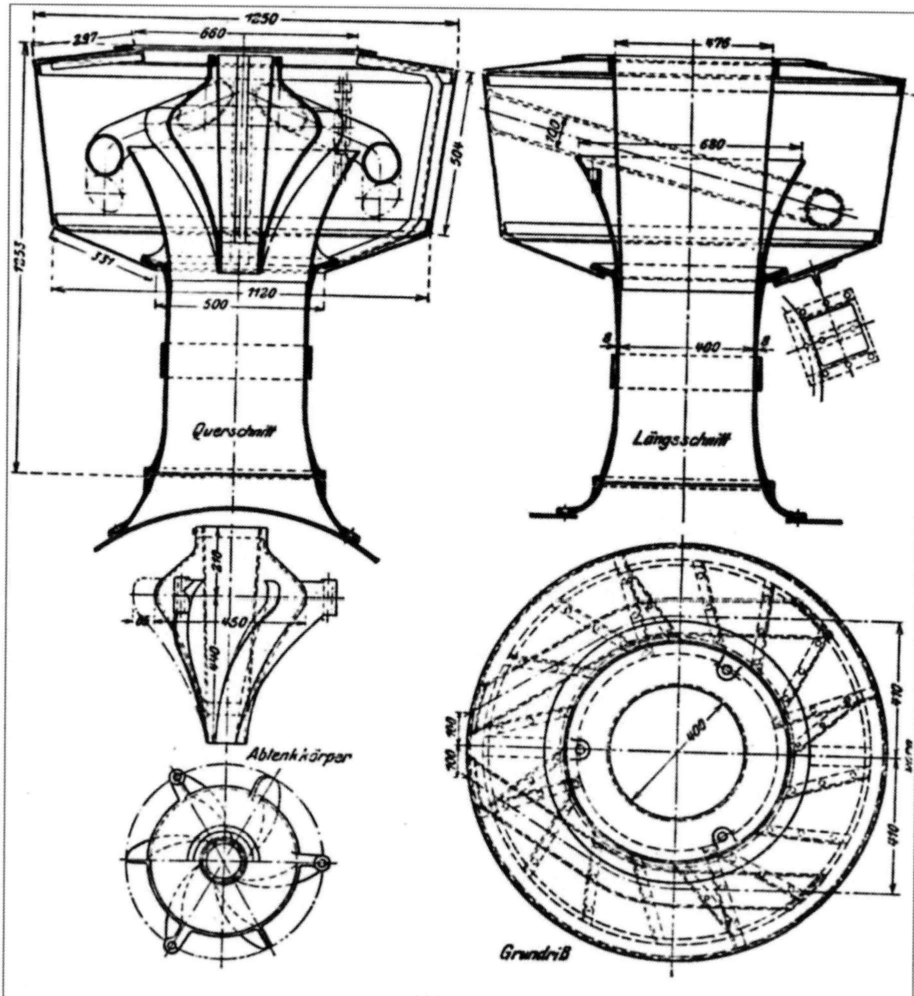

Abb. 180.

Quelle: Röll 1914: 245.

ABB. 3: Schematische Darstellung zum Erlass der königlichen Eisenbahn-Direktion Bromberg von 1887 über die Anlage eines Feuerschutzsystems zur Verhütung von Waldbränden entlang von Bahnstrecken.

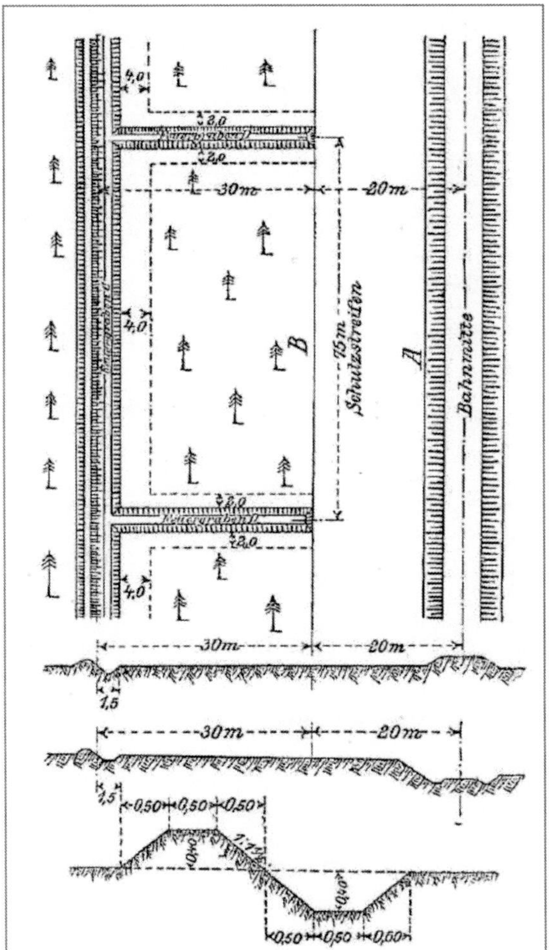

Quelle: Danckelmann 1894: 242.

ABB. 4: Schematische Darstellung von Bahnkörper und Sicherheitsstreifen nach Kienitz (1894).

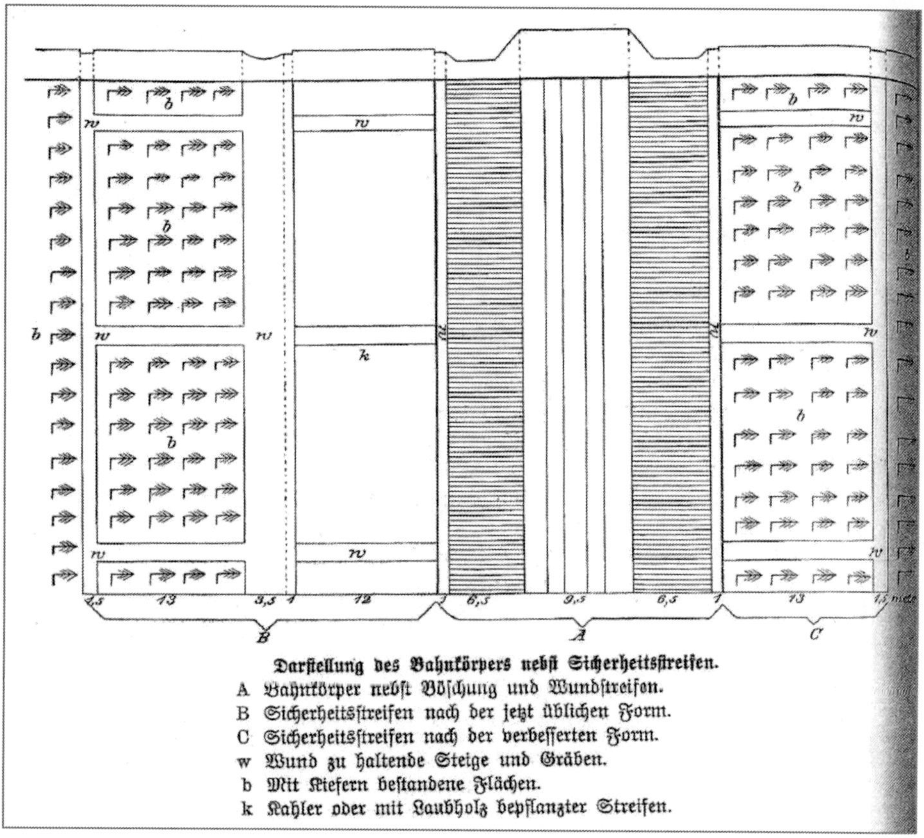

Quelle: Kienitz 1894: 452.

KARTE 1: Aktueller Kartenausschnitt der Ortschaften Roche und Rennaz und dem sich von Südwesten nach Nordosten erstreckenden Mont d'Arvel.

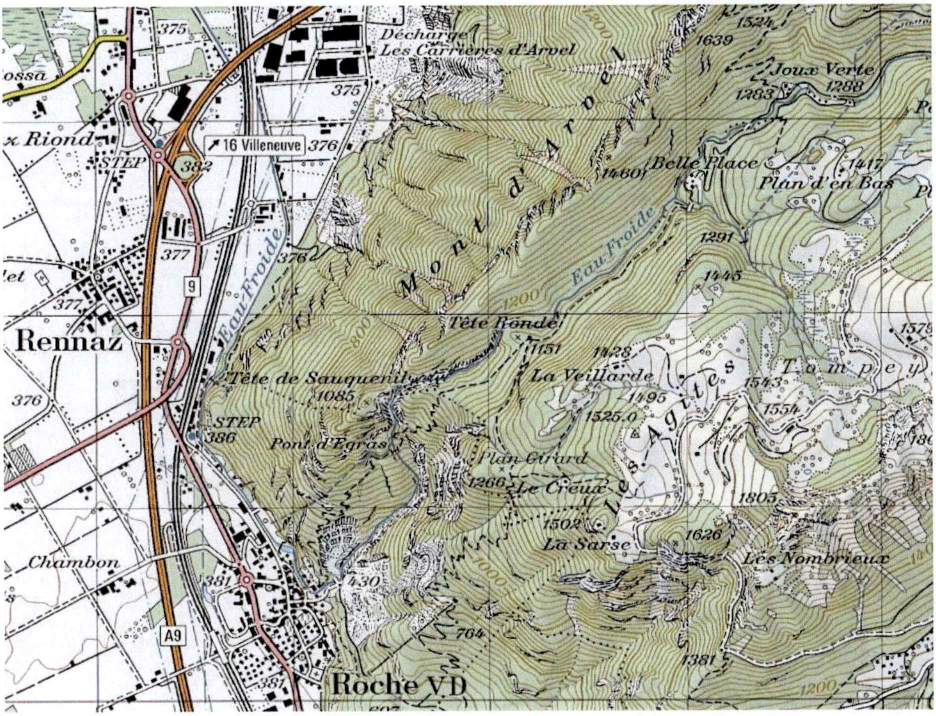

Quelle: Schweizerische Eidgenossenschaft: https://map.geo.admin.ch/?X=135843.16&Y=562158.56&zoom=7&lang=de&topic=ech&bgLayer=ch.swisstopo.pixelkarte-farbe&catalogNodes=457,458, 28.07.2014.

KARTE 2: Aktueller Kartenausschnitt der Ortschaft Wimmis, westlich davon die Simmenfluh.

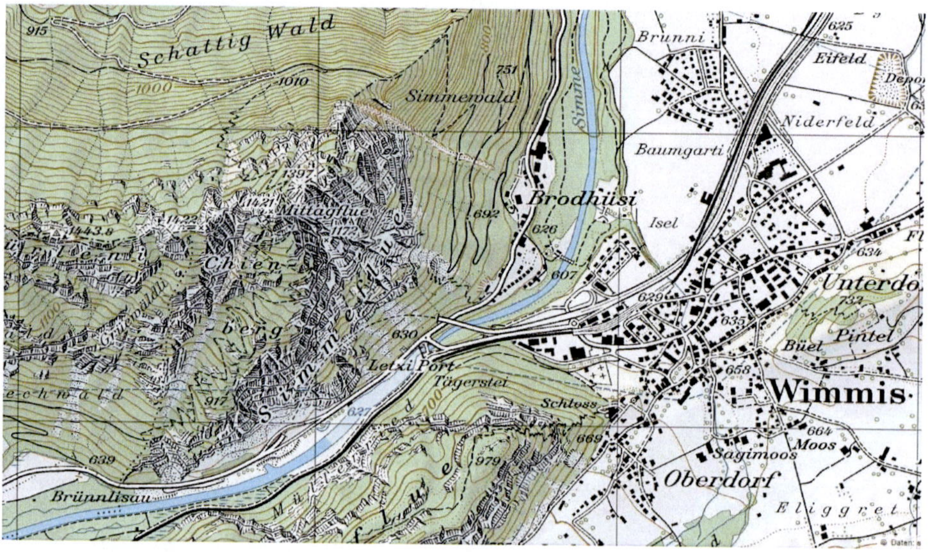

Quelle: Schweizerische, Eidgenossenschaft: https://map.geo.admin.ch/?X=169542.89&Y=614607.53&zoom=8&lang=de&topic=ech&bgLayer=ch.swisstopo.pixelkarte-farbe&catalogNodes=457,458, 28.07.2014.

KARTE 3: Karte der vom Brand betroffenen Waldbestände auf der südlichen Bergflanke mit Simmenfluh und Kienberg.

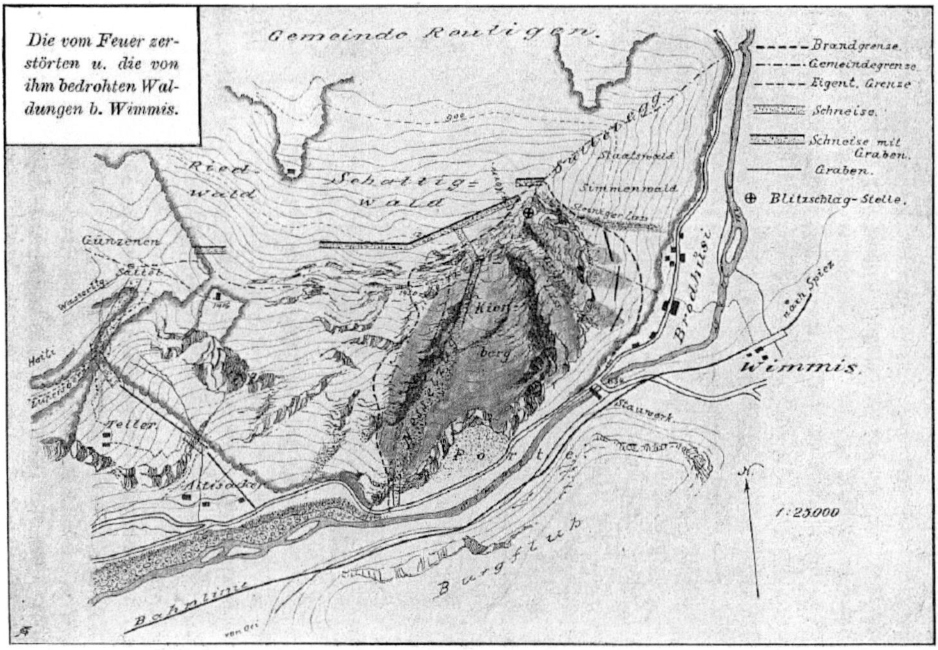

Quelle: Ammon 1911: 293.

KARTE 4: Aktueller Kartenausschnitt mit der Ortschaft Sent und der südlich davon gelegenen Brandfläche zwischen dem heutigen Val Vallorcha und dem Val Chazett.

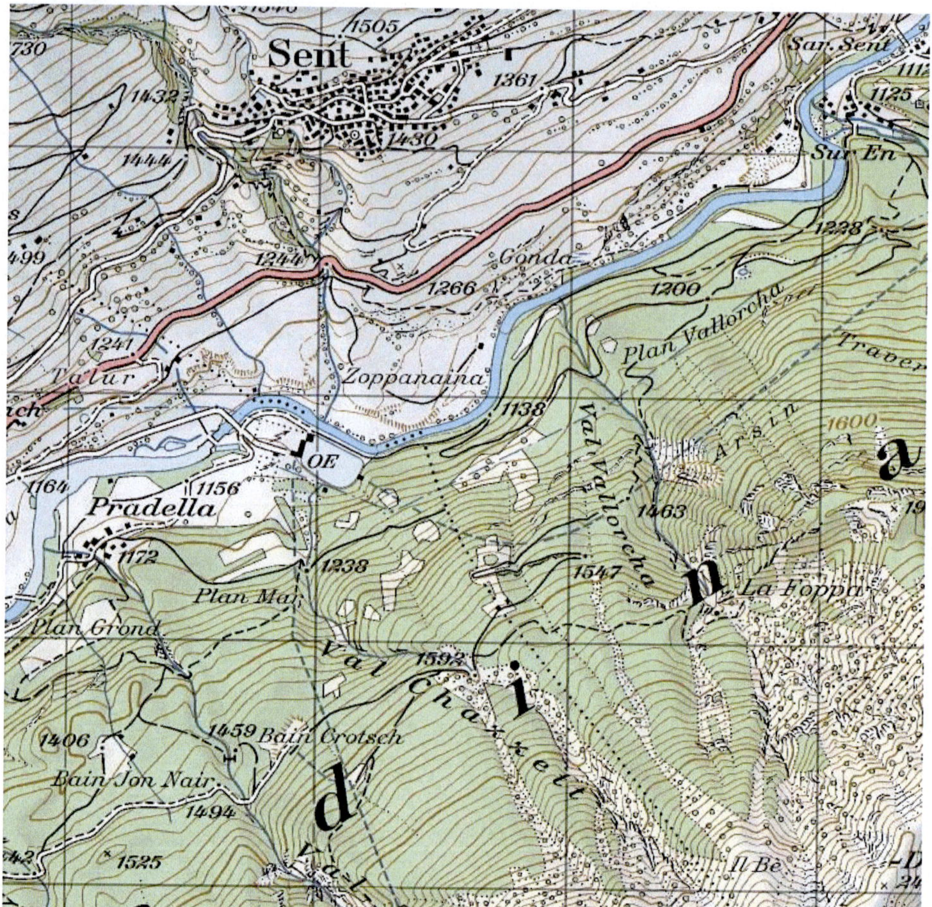

Quelle: Schweizerische Eidgenossenschaft: https://map.geo.admin.ch/?X=187839.66&Y=821921.53&zoom=7&lang=de&topic=ech&bgLayer=ch.swisstopo.pixelkarte-farbe&catalogNodes=457,458, 28.07.2014.

KARTE 5: „Idealische Darstellung des am 27. Juni 1804 abgebrannten Waldbezirks jenseits des Inns zwischen Remüs und Sins im untern Engadin.“

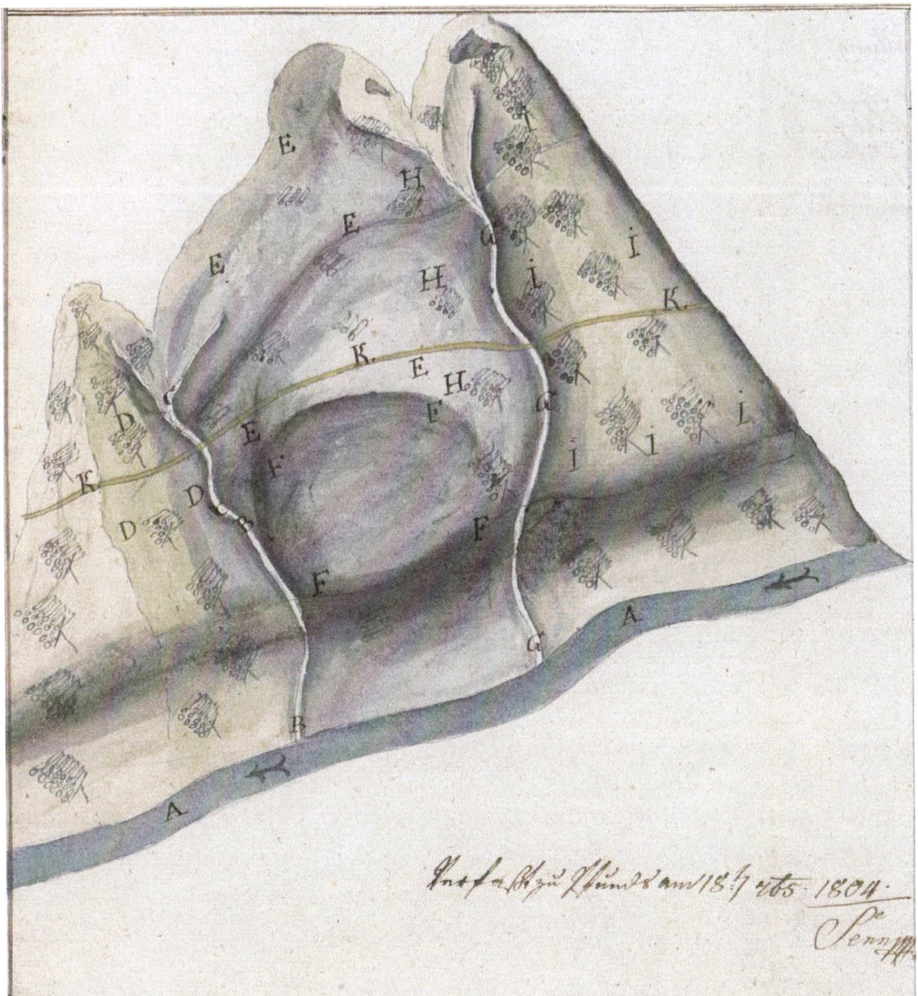

Quelle: Separatfaszikel „Hofbau“, Jüngerer Guberniums, 1804; TLA [Tiroler Landesarchiv] 11089.

KARTE 6: Die Ortschaft Tagelswangen, südlich davon der Tagelswangenwald und die Bahnböschung der Nationalbahn auf der Siegfriedkarte (Datenstand 1949). Der genaue Ort des Waldbrandereignisses konnte nicht rekonstruiert werden.

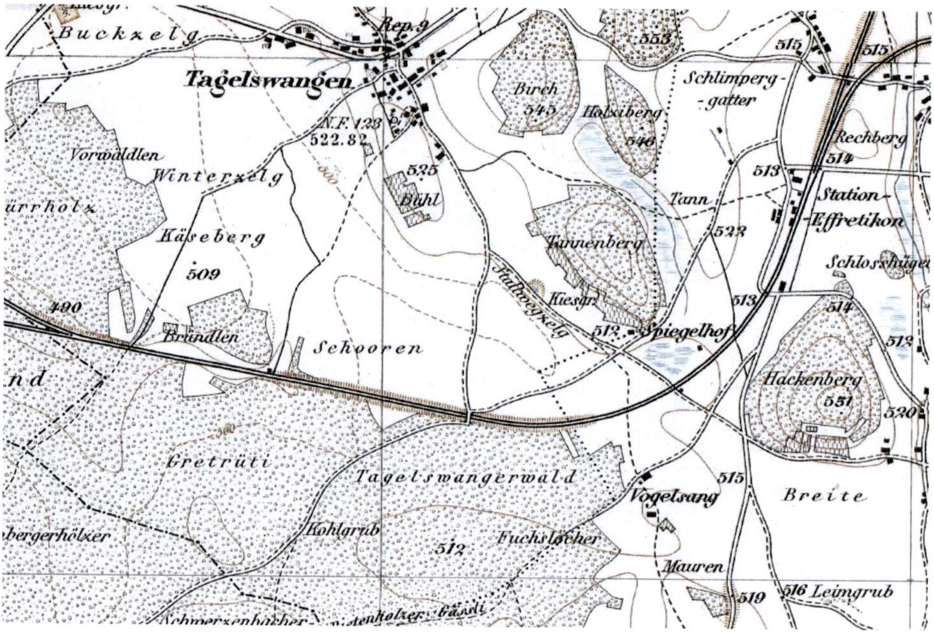

Quelle: Schweizerische Eidgenossenschaft: https://map.geo.admin.ch/ ?X=253354.88&Y=693068.82&zoom=8&lang=de&topic=ech&bgLayer=ch.swisstopo.pixelkarte-farbe&catalogNodes=457,458&layers= ch.swisstopo.hiks-siegfried, 28.07.2014.

KARTE 7: Die Ortschaft Bülach, südwestlich davon der Höhragen mit dem Anstoss an das Bahntrassee bei Endhöri auf der Siegfriedkarte (Datenstand 1949).

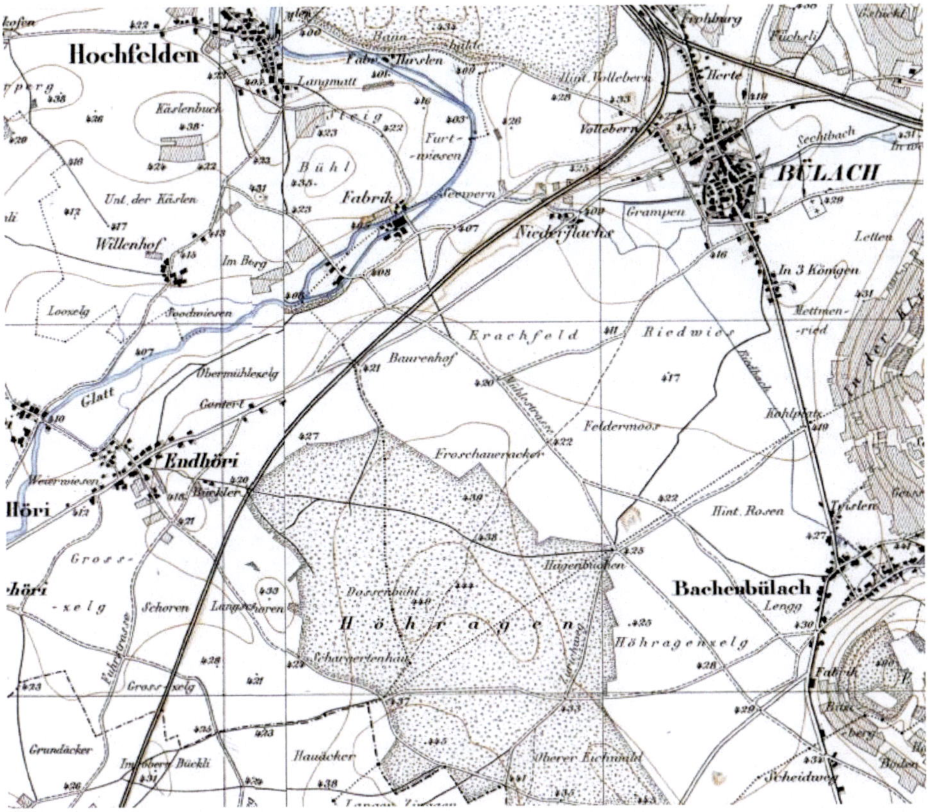

Quelle: Schweizerische Eidgenossenschaft: https://map.geo.admin.ch/?X=262734.05&Y=682662.81&zoom=7&lang=de&topic=ech&bgLayer=ch.swisstopo.pixelkarte-farbe&catalogNodes=457,458&layers=ch.swisstopo.hiks-siegfried, 28.07.2014.